enVision® Matemáticas

Volumen 1 Temas 1 a 7

Autores

Randall I. Charles
Professor Emeritus
Department of Mathematics
San Jose State University
San Jose, California

Jennifer Bay-Williams
Professor of Mathematics
Education
College of Education and Human
Development
University of Louisville
Louisville, Kentucky

Robert Q. Berry, III
Professor of Mathematics
Education
Department of Curriculum,
Instruction and Special Education
University of Virginia
Charlottesville, Virginia

Janet H. Caldwell
Professor Emerita
Department of Mathematics
Rowan University
Glassboro, New Jersey

Zachary Champagne
Assistant in Research
Florida Center for Research in
Science, Technology, Engineering,
and Mathematics (FCR-STEM)
Jacksonville, Florida

Juanita Copley
Professor Emerita
College of Education
University of Houston
Houston, Texas

Warren Crown
Professor Emeritus of Mathematics
Education
Graduate School of Education
Rutgers University
New Brunswick, New Jersey

Francis (Skip) Fennell
Professor Emeritus of
Education and Graduate and
Professional Studies
McDaniel College
Westminster, Maryland

Karen Karp
Professor of Mathematics
Education School of Education
Johns Hopkins University
Baltimore, Maryland

Stuart J. Murphy
Visual Learning Specialist
Boston, Massachusetts

Jane F. Schielack
Professor Emerita
Department of Mathematics
Texas A&M University
College Station, Texas

Jennifer M. Suh
Associate Professor for
Mathematics Education
George Mason University
Fairfax, Virginia

Jonathan A. Wray
Mathematics Supervisor
Howard County Public Schools
Ellicott City, Maryland

SAVVAS
LEARNING COMPANY

Matemáticos

Roger Howe
Professor of Mathematics
Yale University
New Haven, Connecticut

Gary Lippman
Professor of Mathematics and
Computer Science
California State University, East Bay
Hayward, California

Consultores de ELL

Janice R. Corona
Independent Education Consultant
Dallas, Texas

Jim Cummins
Professor
The University of Toronto
Toronto, Canada

Revisores

Katina Arnold
Teacher
Liberty Public School District
Kansas City, Missouri

Christy Bennett
Elementary Math and Science
Specialist
DeSoto County Schools
Hernando, Mississippi

Shauna Bostick
Elementary Math Specialist
Lee County School District
Tupelo, Mississippi

Samantha Brant
Teacher
Platte County School District
Platte City, Missouri

Jamie Clark
Elementary Math Coach
Allegany County Public Schools
Cumberland, Maryland

Shauna Gardner
Math and Science Instructional Coach
DeSoto County Schools
Hernando, Mississippi

Kathy Graham
Educational Consultant
Twin Falls, Idaho

Andrea Hamilton
K-5 Math Specialist
Lake Forest School District
Felton, Delaware

Susan Hankins
Instructional Coach
Tupelo Public School District
Tupelo, Mississippi

Barb Jamison
Teacher
Excelsior Springs School District
Excelsior Springs, Missouri

Pam Jones
Elementary Math Coach
Lake Region School District
Bridgton, Maine

Sherri Kane
Secondary Mathematics
Curriculum Specialist
Lee's Summit R7 School District
Lee's Summit, Missouri

Jessica Leonard
ESOL Teacher
Volusia County Schools
DeLand, Florida

Jill K. Milton
Elementary Math Coordinator
Norwood Public Schools
Norwood, Massachusetts

Jamie Pickett
Teacher
Platte County School District
Kansas City, Missouri

Mandy Schall
Math Coach
Allegany County Public Schools
Cumberland, Maryland

Marjorie Stevens
Math Consultant
Utica Community Schools
Shelby Township, Michigan

Shyree Stevenson
ELL Teacher
Penns Grove-Carneys Point
Regional School District
Penns Grove, New Jersey

Kayla Stone
Teacher
Excelsior Springs School District
Excelsior Springs, Missouri

Sara Sultan
PD Academic Trainer, Math
Tucson Unified School District
Tucson, Arizona

Angela Waltrup
Elementary Math Content Specialist
Washington County Public Schools
Hagerstown, Maryland

ISBN-13: 978-0-13-496280-1
ISBN-10: 0-13-496280-X

Recursos digitales

¡Usarás estos recursos digitales a lo largo del año escolar!

Visita SavvasRealize.com

 Libro del estudiante
Tienes acceso en línea y fuera de línea.

 Aprendizaje visual
Interactúa con el aprendizaje visual animado.

 Cuaderno de práctica adicional
Tienes acceso en línea y fuera de línea.

 Amigo de práctica
Haz prácticas interactivas en línea.

 Herramientas matemáticas
Explora las matemáticas con herramientas digitales.

 Evaluación
Muestra lo que aprendiste.

 Glosario
Lee y escucha en inglés y en español.

SAVVAS **realize™** Todo lo que necesitas para las matemáticas a toda hora y en cualquier lugar.

Contenido

Recursos digitales en SavvasRealize.com

Recuerda que tu Libro del estudiante está disponible en SavvasRealize.com.

TEMAS

Puedes representar la multiplicación como una matriz con filas y columnas iguales.

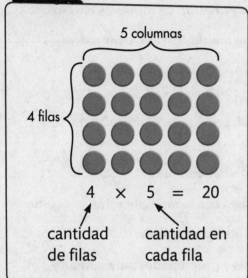

5 columnas

4 filas

$$4 \times 5 = 20$$

cantidad de filas   cantidad en cada fila

TEMA 1 Multiplicación y división de números enteros

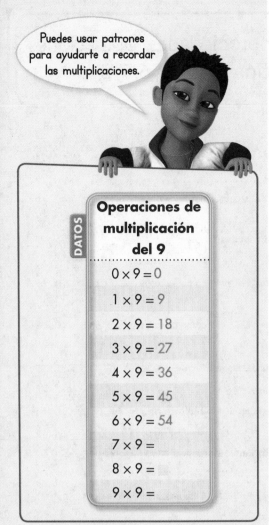

Puedes usar patrones para ayudarte a recordar las multiplicaciones.

DATOS

Operaciones de multiplicación del 9

$0 \times 9 = 0$

$1 \times 9 = 9$

$2 \times 9 = 18$

$3 \times 9 = 27$

$4 \times 9 = 36$

$5 \times 9 = 45$

$6 \times 9 = 54$

$7 \times 9 =$

$8 \times 9 =$

$9 \times 9 =$

TEMA 2 Operaciones de multiplicación: Usar patrones

Las propiedades pueden ayudarte a usar las operaciones conocidas para hallar operaciones desconocidas.

6×4

2×4

4×4

TEMA 3 Usar propiedades: Operaciones de multiplicación con 3, 4, 6, 7, 8

Las multiplicaciones pueden ayudarte a aprender a dividir.

La multiplicación
3 filas de 10 tambores
$3 \times 10 = 30$
30 tambores

La división
30 tambores en 3 filas iguales
$30 \div 3 = 10$
10 tambores en cada fila

TEMA 4 Usar la multiplicación para dividir: Operaciones de división

Puedes usar una tabla de multiplicar para hallar los factores que faltan.

$3 \times 5 = 15$ $15 \div 3 = 5$

×	0	1	2	3	4	5
0	0	0	0	0	0	0
1	0	1	2	3	4	5
2	0	2	4	6	8	10
3	0	3	6	9	12	15

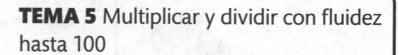

TEMA 5 Multiplicar y dividir con fluidez hasta 100

Puedes hallar el área de una figura contando la cantidad de unidades cuadradas que se necesitan para cubrirla.

TEMA 6 Relacionar el área con la multiplicación y la suma

Puedes usar una gráfica de barras con escala para ayudarte a comparar datos.

Cantidad que ahorró Greg cada mes

TEMA 7 Representar e interpretar datos

TEMA 8 en Volumen 2
Usar estrategias y propiedades para sumar y restar

TEMA 9 en Volumen 2
Sumar y restar con fluidez hasta 1,000

TEMA 10 en Volumen 2
Multiplicar por múltiplos de 10

TEMA 11 en Volumen 2
Usar operaciones con números enteros para resolver problemas

TEMA 12 en Volumen 2
Las fracciones como números

TEMA 13 en Volumen 2
Equivalencia y comparación de fracciones

TEMA 16 en Volumen 2
Resolver problemas sobre el perímetro

Manual de Prácticas matemáticas y resolución de problemas

El **Manual de Prácticas matemáticas y resolución de problemas** está disponible en SavvasRealize.com.

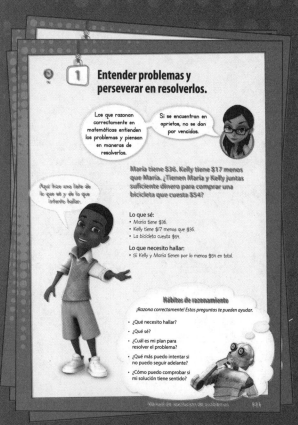

Prácticas matemáticas

Guía para la resolución de problemas

Resolución de problemas: Hoja de anotaciones

Diagrama de barras

Multiplicación y división de números enteros

Pregunta esencial: ¿De qué manera el pensar en grupos iguales puede ayudarte a entender la conexión entre la multiplicación y la división?

Recursos digitales

Libro del estudiante

Aprendizaje visual

Práctica

Evaluación

Herramientas

Glosario

Algunos animales forman grupos.

Ser parte de un grupo ayuda a las aves a sobrevivir.

¡Qué buen trabajo en equipo! Este es un proyecto sobre animales con multiplicación y división.

Proyecto de enVision STEM: Formar grupos

Investigar Muchas clases de animales forman grupos. Investiga en la Internet o en otras fuentes para descubrir qué animales forman grupos. ¿Por qué lo hacen? ¿En qué beneficia a estos animales ser parte de un grupo?

Diario: Escribir un informe Incluye lo que averiguaste. En tu informe, también:

- haz dibujos de animales en grupos iguales. Da una razón de por qué esos animales formaron grupos.

- usa una ecuación de multiplicación para mostrar el total de animales. Usa una ecuación de división para mostrar cuántos animales hay en cada grupo.

Repasa lo que sabes

A-Z **Vocabulario**

Escoge el mejor término del recuadro.
Escríbelo en el espacio en blanco.

- contar salteado
- restar
- sumar
- unidades

1. Si quieres combinar grupos de cantidades diferentes para hallar cuántos hay en total, puedes _____.

2. Las _____ son grupos de objetos individuales.

3. Un ejemplo de _____ es decir los números 5, 10, 15, 20.

Sumar

Halla las sumas.

4. $5 + 5 + 5 = ?$

5. $7 + 7 = ?$

6. $3 + 3 + 3 = ?$

7. $2 + 2 + 2 + 2 = ?$

8. $6 + 6 + 6 = ?$

9. $9 + 9 + 9 = ?$

Restar

Halla las diferencias.

10. $21 - 7 = ?$
$14 - 7 = ?$
$7 - 7 = ?$

11. $15 - 5 = ?$
$10 - 5 = ?$
$5 - 5 = ?$

12. $27 - 9 = ?$
$18 - 9 = ?$
$9 - 9 = ?$

Contar salteado en la recta numérica

13. Si continúas contando salteado, ¿cuál es el número que sigue en la recta numérica?

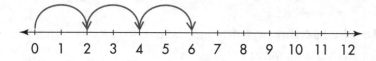

Ⓐ 8

Ⓑ 10

Ⓒ 12

Ⓓ 14

Nombre _____

PROYECTO 1A

¿Cuál es el edificio más alto de la Florida?

Proyecto: Construye un edificio alto

PROYECTO 1B

¿Te gustaría viajar a otro planeta?

Proyecto: Construye una sonda espacial

PROYECTO 1C

¿Cuáles son algunos lugares en los que te gustaría vivir?

Proyecto: Dibuja un vecindario

Representación matemática

¿Cuál es el punto?

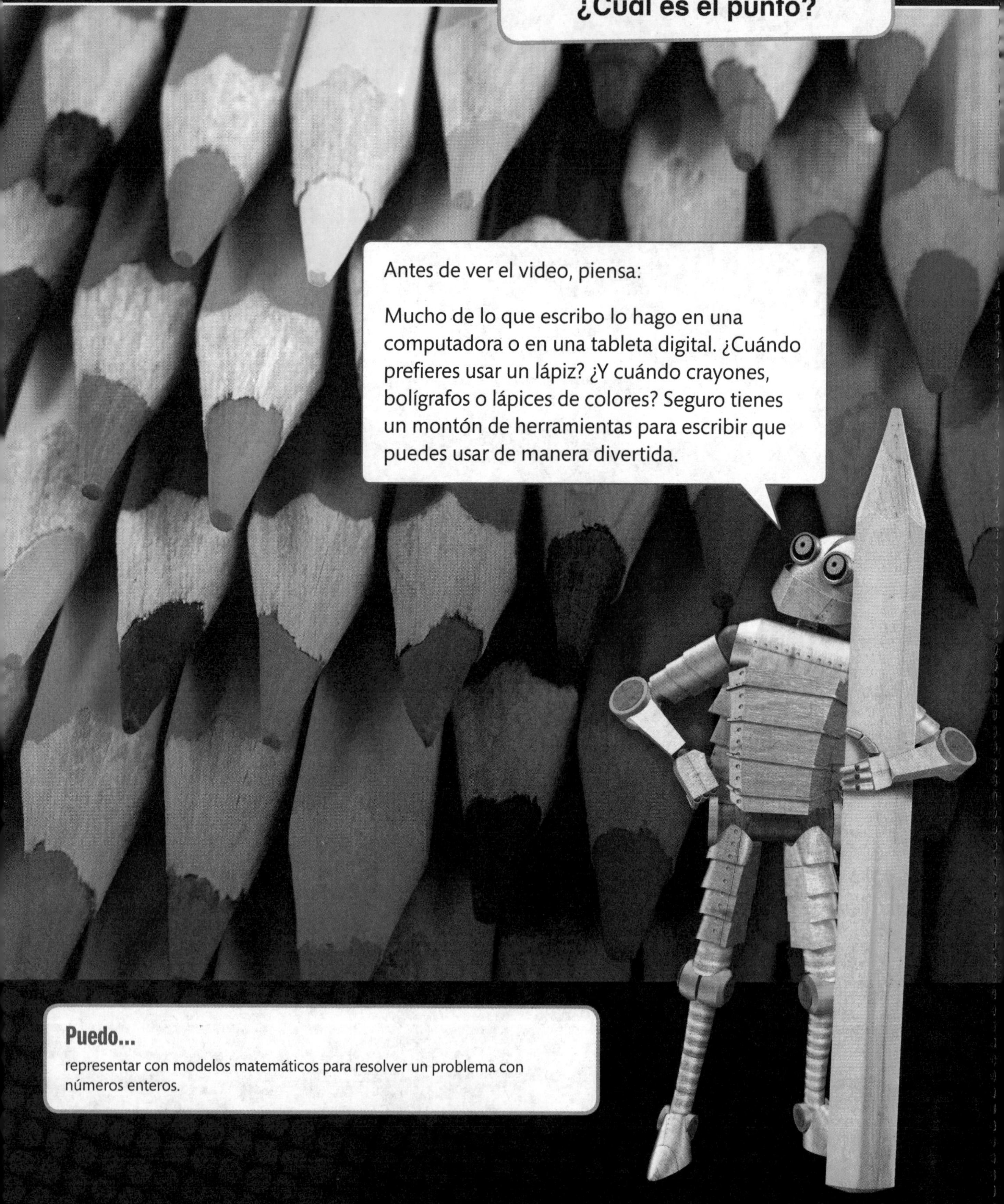

Antes de ver el video, piensa:

Mucho de lo que escribo lo hago en una computadora o en una tableta digital. ¿Cuándo prefieres usar un lápiz? ¿Y cuándo crayones, bolígrafos o lápices de colores? Seguro tienes un montón de herramientas para escribir que puedes usar de manera divertida.

Puedo...
representar con modelos matemáticos para resolver un problema con números enteros.

Nombre _____

Resuélvelo y coméntalo

La Sra. Witt compró 4 cajas de pintura que contenían 5 frascos de pintura cada una. La Sra. Karp compró 3 cajas de pintura que contenían 6 frascos cada una. ¿Quién compró más frascos de pintura? ¿Cuántos más?

Puedo...
usar la suma o la multiplicación para unir grupos iguales.

También puedo entender bien los problemas.

Puedes usar fichas, diagramas de barras, dibujos o ecuaciones para entender y perseverar en la resolución de problemas.

¡Vuelve atrás! ¿Cómo pueden ayudarte las fichas y las ecuaciones de suma a resolver los problemas?

Pregunta esencial ¿Cómo hallas cuántos objetos hay en grupos iguales?

A

Jessie usó 3 bolsas para llevar a su casa los peces dorados que ganó en la feria. Puso la misma cantidad de peces dorados en cada bolsa. ¿Cuántos peces dorados ganó?

8 peces dorados en cada bolsa

Puedo usar fichas para mostrar los grupos.

B Las fichas muestran 3 grupos de 8 peces dorados.

Puedes usar la suma para juntar grupos iguales.

? peces dorados
3 bolsas
| 8 | 8 | 8 |

8 peces dorados en cada bolsa

$8 + 8 + 8 = 24$

C La multiplicación es una operación que da el número total cuando juntas grupos iguales.

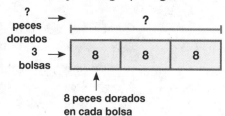

? peces dorados
3 bolsas
| 8 | 8 | 8 |

8 peces dorados en cada bolsa

3 veces 8 es igual a 24.

$$3 \times 8 = 24$$

factor   factor   producto

Los factores son los números que se multiplican. El producto es la respuesta de una multiplicación.

D Puedes escribir ecuaciones.

Una incógnita es un símbolo que representa a un número en una ecuación.

Ecuación de suma:
$8 + 8 + 8 = ?$
$8 + 8 + 8 = 24$

Ecuación de multiplicación:
$3 \times 8 = ?$
$3 \times 8 = 24$

Jessie ganó 24 peces dorados.

¡Convénceme! Representar con modelos matemáticos Supón que Jessie ganó 5 bolsas de 8 peces dorados. Usa las matemáticas para representar el problema y hallar la cantidad de peces dorados que Jessie ganó.

Práctica Herramientas Evaluación

 Práctica guiada

¿Lo entiendes?

1. ¿Puedes escribir $5 + 5 + 5 + 5 = 20$ como una ecuación de multiplicación? Explícalo.

2. ¿Puedes escribir $3 + 4 + 7 = 14$ como una ecuación de multiplicación? Explícalo.

3. Jessie compró 4 paquetes de piedritas. En cada paquete había 6 piedritas. ¿Cuántas piedritas compró Jessie?

Usa fichas para representar el problema. Luego, escribe una ecuación de suma y una ecuación de multiplicación para resolverlo.

¿Cómo hacerlo?

 Completa **4** y **5**. Usa los dibujos

4.

2 grupos de _____

$4 + 4 =$ _____

$2 \times$ _____ $=$ _____

5.

_____ grupos de 6

$6 +$ _____ $+$ _____ $=$ _____

$3 \times$ _____ $=$ _____

⭐ **Práctica independiente** ⭐

Práctica al nivel Completa **6** y **7**. Usa los dibujos como ayuda.

6.

2 grupos de _____

$5 +$ _____ $=$ _____

$2 \times$ _____ $=$ _____

7.

5 grupos de _____

$4 + 4 + 4 +$ _____ $+$ _____ $=$ _____

$5 \times$ _____ $=$ _____

Para **8** a **11**, completa las ecuaciones. Usa fichas o haz un dibujo como ayuda.

8. $8 + 8 + 8 + 8 = 4 \times$ _____

9. _____ $+$ _____ $+$ _____ $= 3 \times 7$

10. $9 +$ _____ $+$ _____ $= 3 \times$ _____

11. $6 + 6 + 6 + 6 + 6 =$ _____ $\times$ _____

Resolución de problemas

12. Debra dibujó esta figura en la parte posterior de su cuaderno.

¿Cómo se llama la figura que dibujó Debra? ¿Cómo lo sabes?

13. Representar con modelos matemáticos
Salvatore recibió 50 cromos en su cumpleaños. Le da 22 cromos a Madison y ella le da 18 cromos a Salvatore. Luego, la hermana de Salvatore le da 14 cromos. ¿Cuántos cromos tiene Salvatore ahora? Usa las matemáticas para representar el problema.

14. Razonamiento de orden superior
Luke dice que siempre se puede sumar o multiplicar para juntar grupos. ¿Tiene razón? Explica por qué.

15. Lori dice que cualquier suma en la que los sumandos son iguales se puede escribir como una ecuación de multiplicación. ¿Tiene razón? Explica por qué.

☑ Práctica para la evaluación

16. Tom tiene 12 mazorcas de maíz para hacer artículos de decoración. Las ordena en grupos iguales. ¿Qué oración podría usar Tom para describir los grupos? Selecciona todas las que sean correctas.

- ☐ Tom ordenó 2 grupos de 4 mazorcas.
- ☐ Tom ordenó 4 grupos de 2 mazorcas.
- ☐ Tom ordenó 6 grupos de 2 mazorcas.
- ☐ Tom ordenó 3 grupos de 4 mazorcas.
- ☐ Tom ordenó 1 grupo de 10 mazorcas.

17. Jenna tiene 24 flores. Las ordena en jarrones con la misma cantidad de flores en cada uno. ¿Qué oraciones podría usar Jenna para describir sus flores? Selecciona todas las que sean correctas.

- ☐ Jenna colocó 4 flores en cada uno de 6 jarrones.
- ☐ Jenna colocó 3 flores en cada uno de 9 jarrones.
- ☐ Jenna colocó 5 flores en cada uno de 5 jarrones.
- ☐ Jenna colocó 6 flores en cada uno de 3 jarrones.
- ☐ Jenna colocó 8 flores en cada uno de 3 jarrones.

Nombre ________________________________

Lección 1-2
La multiplicación en la recta numérica

Resuélvelo y coméntalo Lucy, la rana saltarina, comienza en 0 y salta 7 veces en la misma dirección. Se aleja 3 pulgadas en cada salto. ¿Cómo muestras en una recta numérica la distancia que salta Lucy?

Puedo...
usar una recta numérica para representar y resolver operaciones de multiplicación.

También puedo representar con modelos matemáticos.

Representa con modelos matemáticos. **Puedes usar una recta numérica para anotar y contar grupos iguales.**

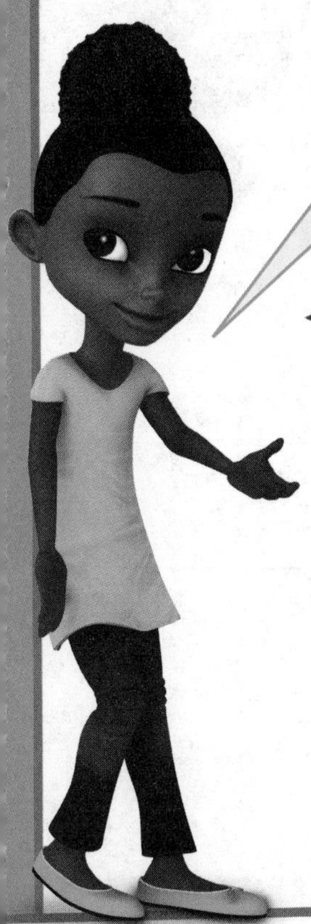

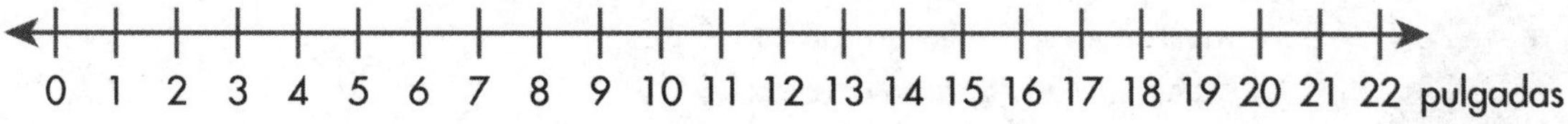

0 1 2 3 4 5 6 7 8 9 10 11 12 13 14 15 16 17 18 19 20 21 22 pulgadas

¡Vuelve atrás! ¿En qué se parecen los saltos de Lucy en la recta numérica a la suma repetida? ¿En qué se parecen a contar salteado?

Pregunta esencial **¿Cómo puedes usar una recta numérica para mostrar la multiplicación?**

A

Clara está haciendo bolsas con regalos para sus 5 amigas. Quiere poner 3 bolígrafos con brillos en cada bolsa. ¿Cuántos bolígrafos con brillos necesita?

Puedes usar una recta numérica y contar salteado para mostrar la multiplicación.

Bolígrafos con brillos · Bolígrafos con brillos · Bolígrafos con brillos · Bolígrafos con brillos · Bolígrafos con brillos

B

Dibuja flechas en la recta numérica para mostrar cuántos bolígrafos con brillos hay en cada bolsa de regalo.

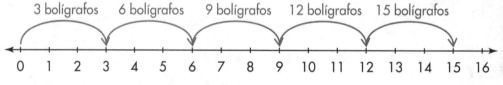

3 bolígrafos   6 bolígrafos   9 bolígrafos   12 bolígrafos   15 bolígrafos

0 1 2 3 4 5 6 7 8 9 10 11 12 13 14 15 16

Contar salteado: 3, 6, 9, 12, 15

Multiplicación: $5 \times 3 = 15$

Clara necesita 15 bolígrafos con brillos.

¡Convénceme! **Razonar** ¿Cómo se vería en una recta numérica contar salteado de 6 en 6?

☆ Práctica guiada

¿Lo entiendes?

1. En la página anterior, ¿por qué cuentas de 3 en 3 en la recta numérica?

2. En la página anterior, ¿por qué haces cinco saltos en la recta numérica?

3. ¿Cómo serían los saltos en la recta numérica si hubiera 4 bolígrafos en cada bolsa?

¿Cómo hacerlo?

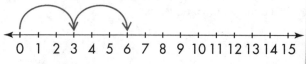

Para **4**, dibuja flechas en la recta numérica para mostrar los saltos y completa los espacios en blanco.

4. Jim corrió 3 millas por día durante 4 días seguidos. ¿Cuántas millas corrió?

0 1 2 3 4 5 6 7 8 9 10 11 12 13 14 15

Cantidad de saltos: _____

Conté de _____ en _____.

Jim corrió _____ millas.

_____ × _____ = _____

☆ Práctica independiente ☆

Para **5**, muestra en la recta numérica cómo hallaste la solución.

5. Judy tiene 6 canastas. Quiere poner 2 manzanas en cada canasta. ¿Cuántas manzanas necesita? Dibuja los saltos que faltan en la recta numérica para mostrar cuántas manzanas necesita Judy.

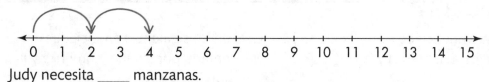

0   1   2   3   4   5   6   7   8   9   10   11   12   13   14   15

Judy necesita _____ manzanas.

Para **6** y **7**, dibuja flechas en la recta numérica para mostrar la multiplicación. Escribe el producto.

6. $7 \times 2 =$ _____

0   1   2   3   4   5   6   7   8   9   10   11   12   13   14   15

7. $3 \times 3 =$ _____

0   1   2   3   4   5   6   7   8   9   10   11   12   13   14   15

Resolución de problemas

8. Nikki quiere usar 3 cuentas de vidrio en cada collar que está haciendo. Quiere hacer 6 collares. ¿Cuántas cuentas de vidrio necesita Nikki? Cuenta salteado y escribe una ecuación de multiplicación para resolver el problema.

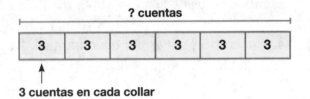

? cuentas

| 3 | 3 | 3 | 3 | 3 | 3 |

3 cuentas en cada collar

9. enVision® STEM Los conejillos de Indias en su hábitat natural generalmente viven en grupos de 5 a 10. Los miembros del grupo pueden avisarse de peligros. Si hay 2 grupos de 7 conejillos de Indias, ¿cuántos conejillos de Indias hay en total? Usa la recta numérica para resolver el problema.

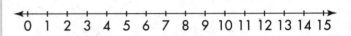

10. Entender y perseverar Tim dibujó esta recta numérica para mostrar la multiplicación $4 \times 2 = 8$.

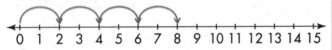

¿Qué partes de la recta numérica representan los factores? ¿Qué partes muestran el producto?

11. Razonamiento de orden superior

Dibuja una recta numérica para comparar contar de 3 en 3 cuatro veces y contar de 4 en 4 tres veces. ¿En qué se diferencian? ¿En qué se parecen?

☑ **Práctica para la evaluación**

12. ¿Cuál de los siguientes enunciados es representado por la recta numérica y la expresión 5×2 ?

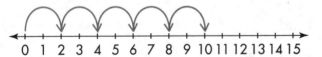

- Ⓐ 5 grupos con 5 bolígrafos cada uno
- Ⓑ 5 grupos con 2 bolígrafos cada uno
- Ⓒ 2 grupos con 2 bolígrafos cada uno
- Ⓓ 2 grupos con 5 bolígrafos cada uno

13. ¿Cuál de los siguientes enunciados es representado por la recta numérica y la expresión 5×3 ?

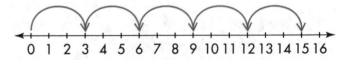

- Ⓐ 5 estantes con 5 libros cada uno
- Ⓑ 3 estantes con 5 libros cada uno
- Ⓒ 5 estantes con 3 libros cada uno
- Ⓓ 3 estantes con 3 libros cada uno

Nombre ____________________

Resuélvelo y coméntalo

Mark tiene 12 tarjetas de deportes. Las ordena en filas con la misma cantidad de tarjetas cada una. Halla las maneras en que Mark puede ordenarlas.

Lección 1-3
Matrices y propiedades

Puedo...
usar matrices y multiplicar factores en cualquier orden para resolver problemas de multiplicación.

También puedo escoger y usar una herramienta mátemática para ayudarme a resolver problemas.

Puedes usar herramientas apropiadas. A veces puedes usar fichas u objetos para ayudarte a resolver un problema.

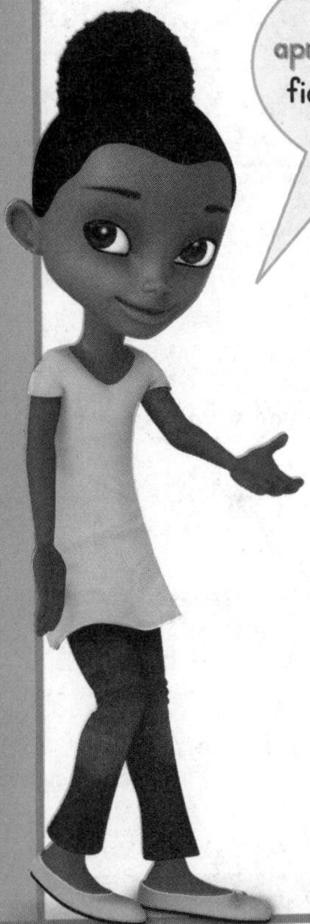

Cantidad de filas de tarjetas	Cantidad de tarjetas en cada fila	Cantidad total de tarjetas

¡Vuelve atrás! ¿Qué notas sobre de la cantidad de filas de tarjetas, la cantidad de tarjetas en cada fila y el total de tarjetas? Explícalo.

Pregunta esencial ¿De qué manera una matriz representa una multiplicación?

A

Dana exhibe su colección de medallas de natación en una pared.

Las medallas están en 4 filas. En cada fila hay 5 medallas. ¿Cuántas medallas hay en la colección de Dana?

Las medallas están en una matriz. Una matriz muestra objetos en filas y columnas iguales.

B Las fichas muestran 4 filas y 5 columnas.

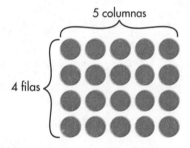

5 columnas

4 filas

Cada fila es un grupo. Puedes sumar o contar salteado para hallar el total.

Sumar: $5 + 5 + 5 + 5 = 20$
Contar salteado: 5, 10, 15, 20

C También se puede usar la multiplicación para hallar el total en una matriz.

Dices: "4 veces 5 es igual a 20".

$$4 \times 5 = 20$$

cantidad de filas   cantidad en cada fila

Hay 20 medallas en la colección de Dana.

¡Convénceme! **Construir argumentos** Jason también tiene una colección de medallas de natación. Jason las exhibe en 5 filas de 5 medallas cada una. Dibuja una matriz para las medallas de Jason. Cuenta salteado para hallar el total de medallas. Luego, escribe una ecuación de multiplicación para tu matriz. ¿Quién tiene más medallas: Jason o Dana?

Otro ejemplo

Dana volvió a organizar su colección de medallas de natación.
Las matrices tienen la misma cantidad de medallas.

Matriz original

$4 \times 5 = 20$

Nueva matriz

$5 \times 4 = 20$

La propiedad conmutativa (o de orden) de la multiplicación dice que puedes multiplicar números en cualquier orden y el producto es el mismo. Por tanto,
$4 \times 5 = 5 \times 4.$

⭐ Práctica guiada

¿Lo entiendes?

1. María pone en una bandeja 4 filas con 7 pastelitos en cada fila. Dibuja una matriz para hallar el total de pastelitos.

2. Completa el siguiente enunciado.

$4 \times 7 = 28$, por tanto $7 \times 4 =$ _____.

¿Cómo hacerlo?

Para **3**, escribe y resuelve una ecuación de multiplicación para la matriz.

3.

⭐ Práctica independiente

Para **4** y **5**, completa los espacios en blanco para mostrar el conteo salteado y la multiplicación de cada matriz.

4.

2, 4, ____, ____

$4 \times$ ___ $= 8$

4, ____

$2 \times$ ___ $= 8$

5.

3, 6, ____, ____

$4 \times$ ___ $= 12$

4, ____, ____

$3 \times$ ___ $= 12$

Resolución de problemas

6. Liza dibujó estas dos matrices. ¿En qué se parecen las matrices? ¿En qué se diferencian?

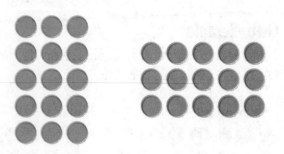

---

7. **Usar la estructura** Chen ordenó 16 fresas en la matriz que se muestra a continuación. Usa fichas para ayudarte a completar la tabla para mostrar otras matrices que Chen puede armar con la misma cantidad de fresas.

Cantidad de filas de fresas		Cantidad de fresas en cada fila		Cantidad total de fresas
4	×	4	=	16
	×		=	
	×		=	
	×		=	
	×		=	

---

8. **Razonamiento de orden superior** Ramón dice que puede usar la propiedad conmutativa de la multiplicación para mostrar que el producto de 4 × 6 es el mismo que el producto de 3 × 8. ¿Tiene razón? ¿Por qué?

9. Delbert coloca 5 monedas de 5¢ en cada una de sus 3 alcancías vacías. ¿Cuántas monedas de 5¢ coloca Delbert en las alcancías? Escribe una ecuación de multiplicación para mostrar cómo resolviste el problema.

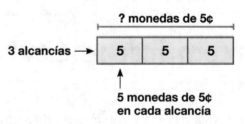

? monedas de 5¢

3 alcancías →

| 5 | 5 | 5 |

5 monedas de 5¢ en cada alcancía

---

10. Mira la ecuación.

$8 \times 5 = 5 \times \square$

Usa la propiedad conmutativa de la multiplicación para hallar el factor que falta.

Ⓐ 5

Ⓑ 8

Ⓒ 40

Ⓓ 85

11. Usando la propiedad conmutativa de la multiplicación, ¿cuál de las siguientes expresiones es equivalente a 5 × 4?

Ⓐ 5 + 5

Ⓑ 4 × 5

Ⓒ 5 + 4

Ⓓ 5 − 4

Nombre _____

Resuélvelo y coméntalo Seis amigos recogieron 48 toronjas. Quieren dividirlas en partes iguales. ¿Cuántas toronjas le tocarían a cada amigo?

Puedo... usar objetos o dibujos para mostrar cómo se pueden dividir los objetos en grupos iguales.

También puedo representar con modelos matemáticos.

Representa con modelos matemáticos. Usar objetos o hacer un dibujo para representar el problema puede ayudarte a resolverlo.

¡Vuelve atrás! ¿Cómo puedes usar fichas para resolver este problema? Explícalo.

Pregunta esencial ¿Cuántos hay en cada grupo?

A

Tres amigos tienen 12 juguetes para repartir por igual. ¿Cuántos juguetes le tocará a cada uno?

Piensa en cómo distribuir 12 juguetes en 3 grupos iguales.

La división es una operación que se usa para hallar cuántos grupos iguales hay o cuántos hay en cada grupo.

B **Lo que piensas**

Pon un juguete por vez en cada grupo.

12 juguetes

↑
4 juguetes para cada amigo

Cuando todos los juguetes estén agrupados, habrá 4 en cada grupo.

C **Lo que escribes**

Puedes escribir una ecuación de división para hallar la cantidad que hay en cada grupo.

$$12 \div 3 = 4$$

Total — Cantidad de grupos iguales — Cantidad en cada grupo

Cada amigo recibirá 4 juguetes.

¡Convénceme! **Hacerlo con precisión** ¿Qué pasaría si 3 amigos quisieran repartir 13 juguetes por igual?

☆Práctica guiada

¿Lo entiendes?

1. Se dividen dieciocho huevos en 3 filas. ¿Cuántos huevos hay en cada fila? Usa el diagrama de barras para resolver el problema.

18

?	?	?

$18 \div 3 =$ _____ huevos

2. ¿Se pueden repartir 12 uvas por igual entre 5 niños, sin que sobre ninguna uva? Explícalo.

¿Cómo lo sabes?

Para **3** y **4**, haz un dibujo para resolver los problemas.

3. Se reparten quince plátanos por igual entre 3 monos. ¿Cuántos plátanos recibe cada mono?

4. Se dividen dieciséis plantas por igual en 4 macetas. ¿Cuántas plantas hay en cada maceta?

☆Práctica independiente

Para **5** y **6**, haz un dibujo para resolver cada problema.

5. Se dividen dieciocho canicas por igual en 6 bolsas. ¿Cuántas canicas hay en cada bolsa?

6. Se reparten dieciséis crayones por igual entre 2 personas. ¿Cuántos crayones tiene cada una?

Para **7** a **10**, completa las ecuaciones.

7. $12 \div 2 = \square$

12

?	?

8. $16 \div 8 = \square$

16

?	?	?	?	?	?	?	?

9. $9 \div 3 =$ _____

10. $14 \div 7 =$ _____

Resolución de problemas

11. Jim divide 18 bolígrafos en grupos iguales. Dice que si los coloca en 2 grupos iguales tendrá más bolígrafos en cada uno que si los coloca en 3 grupos iguales. ¿Tiene razón? Explícalo.

12. Entender y perseverar La clase de la Sra. Terry está organizando un desafío para recaudar fondos. Los estudiantes de su clase se dividen en 4 equipos. Cada equipo tiene la misma cantidad de estudiantes. ¿Tienes la información necesaria para saber cuántos estudiantes hay en cada equipo? Explícalo.

13. Erika dibuja un hexágono. María dibuja un pentágono. ¿Quién dibuja la figura con más lados? ¿Cuántos más lados tiene esa figura?

14. En un desfile, los abanderados marchan en 9 filas con 5 banderas en cada una. Escribe una ecuación para mostrar cuántas banderas hay en total.

15. **Sentido numérico** Jenn y algunos amigos se reparten 40 dulces por igual. ¿La cantidad que cada uno recibe es mayor que 40 o menor que 40? Explícalo.

16. **Razonamiento de orden superior** Joy tiene 12 caracoles. Le da 2 a su mamá. Luego, ella y su hermana se reparten el resto por igual. ¿Cuántos caracoles tiene Joy? ¿Cuántos tiene su hermana? ¿Cómo lo sabes?

Práctica para la evaluación

17. ¿Cuál de los siguientes enunciados es representado por la expresión $14 \div 2$?

Ⓐ 14 bolígrafos ordenados en 14 grupos iguales

Ⓑ 2 bolígrafos ordenados en 14 grupos iguales

Ⓒ 14 bolígrafos ordenados en 2 grupos iguales

Ⓓ 2 bolígrafos ordenados en 2 grupos iguales

18. ¿Cuál de los siguientes enunciados es representado por la expresión $12 \div 3$?

Ⓐ 12 libros ordenados por igual en 3 estantes

Ⓑ 12 libros ordenados por igual en 12 estantes

Ⓒ 3 libros ordenados por igual en 12 estantes

Ⓓ 3 libros ordenados por igual en 3 estantes

Nombre ____________________

Lección 1-5

División: ¿Cuántos grupos iguales hay?

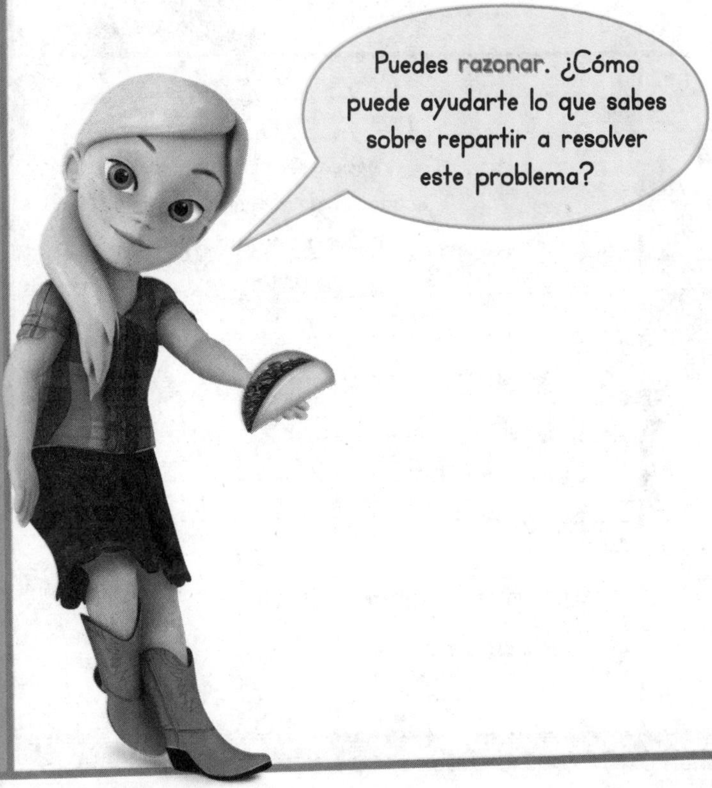

Puedo...
usar la resta repetida para entender y resolver problemas de división.

También puedo razonar sobre las matemáticas.

Resuélvelo y coméntalo Li hizo 12 tacos. Desea convidarles a algunos de sus amigos 2 a cada uno. Si Li no se queda con ninguno, ¿cuántos de sus amigos recibirán tacos?

Puedes razonar. ¿Cómo puede ayudarte lo que sabes sobre repartir a resolver este problema?

¡Vuelve atrás! ¿Cómo te ayudan las fichas u otros objetos a mostrar tu trabajo?

A

¿Cómo puedes dividir usando la resta repetida?

June tiene 10 fresas para servir a sus invitados. Si cada invitado come 2 fresas, ¿a cuántos invitados puede servir June?

10 fresas → | 10

2 | ? invitados

2 fresas para cada invitado

B

Puedes usar la resta repetida para hallar cuántos grupos de 2 hay en 10.

$10 - 2 = 8$
$8 - 2 = 6$
$6 - 2 = 4$
$4 - 2 = 2$
$2 - 2 = 0$

Puedes restar 2 cinco veces. Hay cinco grupos de 2 en 10.

No sobra ninguna fresa.

June puede servir a 5 invitados.

C

Puedes escribir una ecuación de división para hallar la cantidad de grupos.

Escribe: $10 \div 2 = ?$

Lee: ¿Diez dividido por 2 es igual a qué número?

Resuelve: $10 \div 2 = 5$

June puede servir a 5 invitados.

¡Convénceme! **Representar con modelos matemáticos** ¿Qué pasaría si en el ejemplo anterior cada invitado comiera 5 fresas? Usa las matemáticas para representar el problema y para hallar a cuántos invitados puede servir June.

Nombre _____

☆Práctica guiada

¿Lo entiendes?

1. Hay 3 cajas con 2 juguetes cada una. La cantidad total de juguetes puede expresarse como $3 \times 2 = 6$.
¿Qué quiere decir $6 \div 3 = 2$?
¿Qué quiere decir $6 \div 2 = 3$?

¿Cómo hacerlo?

Para **2** y **3**, usa fichas o haz un dibujo para resolver los problemas.

2. La caja de objetos perdidos tiene 16 guantes. Hay 2 guantes por cada par. ¿Cuántos pares de guantes hay?

3. Ruth les da a sus perros 15 galletas. Cada uno recibe 3 galletas. ¿Cuántos perros tiene Ruth?

☆Práctica independiente

Práctica al nivel Para **4** y **5**, completa las ecuaciones.

4. Rosa recoge 14 manzanas. Pone 7 manzanas en cada bolsa. ¿Cuántas bolsas tiene Rosa?

$14 - 7 =$ ___

___ $- 7 =$ ___

_____ $\div 7 =$ ___

Rosa tiene ___ bolsas.

5. Las carretas de una granja tienen 4 ruedas cada una. Hay 12 ruedas. ¿Cuántas carretas hay en la granja?

$12 - 4 =$ ___

___ $- 4 =$ ___

___ $-$ ___ $=$ ___

_____ $\div$ ___ $=$ ___

Hay ___ carretas.

Para **6** y **7**, usa fichas o haz un dibujo para resolver los problemas.

6. María compró 30 marcadores en paquetes de 5 marcadores cada uno. ¿Cuántos paquetes compró María?

7. Marcus tiene 18 lápices. Pone 2 lápices en cada escritorio. ¿Cuántos escritorios hay?

Resolución de problemas

8. **Generalizar** La tabla muestra la cantidad de monedas de 1¢ que tres amigas tienen en sus bolsillos. Cada amiga divide su dinero en grupos de 3 monedas. Escribe ecuaciones de división para mostrar cuántos grupos iguales puede hacer cada amiga. Explica lo que se repite en las ecuaciones.

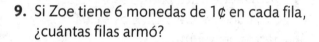

Dinero en los bolsillos	
Claudia	18 centavos
Zoe	12 centavos
Jenna	15 centavos

9. Si Zoe tiene 6 monedas de 1¢ en cada fila, ¿cuántas filas armó?

10. Bella tiene $52. Gasta $21 y después encuentra $12. ¿Cuánto dinero tiene ahora? Usa ecuaciones para representar el problema.

11. **Razonamiento de orden superior** Una heladería quiere crear 8 sabores nuevos cada año. ¿Cuántos años tardará la tienda en crear 80 sabores? Escribe y resuelve una ecuación.

12. Eric escribe $20 \div 5$. ¿Qué problema podría representar la expresión de Eric?

    Ⓐ Hay 20 manzanas. Cada invitado recibe 10. ¿Cuántos invitados hay?

    Ⓑ Hay 20 lápices. Cada estudiante recibe 2. ¿Cuántos estudiantes hay?

    Ⓒ Hay 5 bolígrafos. Cada estudiante recibe 1. ¿Cuántos estudiantes hay?

    Ⓓ Hay $20. Cada niño recibe $5. ¿Cuántos niños hay?

13. Jacqui escribe $24 \div 8$. ¿Qué problema podría representar la expresión de Jacqui?

    Ⓐ Hay 24 moños. Cada niño recibe 8. ¿Cuántos niños hay?

    Ⓑ Hay 24 polluelos. Cada caja tiene 2. ¿Cuántas cajas hay?

    Ⓒ Hay 24 caballos. En cada parcela hay 12 caballos. ¿Cuántas parcelas hay?

    Ⓓ Hay 24 monedas. En cada pila hay 24 monedas. ¿Cuántas pilas hay?

Nombre _____

Resuélvelo y coméntalo

Carolyn ganó $8 por semana durante 2 semanas. Quiere comprar algunos libros que cuestan $4 cada uno. ¿Cuántos libros puede comprar?

Escoge una herramienta para representar y resolver el problema. Explica por qué escogiste esa herramienta.

Puedo...

pensar de manera estratégica para determinar qué herramienta será la más útil.

También puedo multiplicar y dividir para resolver problemas.

Hábitos de razonamiento

¡Razona correctamente!
Estas preguntas te pueden ayudar.
• ¿Qué herramientas puedo usar?
• ¿Por qué debo usar esta herramienta como ayuda para resolver el problema?
• ¿Hay alguna otra herramienta que podría usar?
• ¿Estoy usando la herramienta correctamente?

¡Vuelve atrás! **Usar herramientas apropiadas** Explica cómo usaste la herramienta que escogiste.

A

¿Cómo se pueden usar herramientas apropiadas para representar y resolver problemas?

Pregunta esencial

Una ferretería vende cajas de focos con 18 focos en cada caja. 3 focos cuestan $4. ¿Cuánto cuesta una caja entera de focos? Escoge una herramienta para representar y resolver el problema.

A veces puedes usar más de una herramienta como ayuda para resolver problemas.

¿Qué necesito hacer?

Necesito escoger una herramienta apropiada que me ayude a hallar cuánto cuesta una caja de 18 focos.

B

¿Qué herramientas puedo usar como ayuda para resolver este problema?

Puedo

- decidir qué herramientas son apropiadas.

- usar cubos y fichas para resolver este problema.

- usar las herramientas correctamente.

C

Este es mi razonamiento...

Usaré dos herramientas. Las fichas y los cubos de unidades se pueden contar y mover fácilmente.

Cada cubo representa 1 foco.
Separaré 18 cubos en grupos de 3.

Cada ficha representa $1.
Pondré 4 fichas con cada grupo de 3 focos.

Hay 24 fichas.
Una caja de focos cuesta $24.

¡Convénceme! **Usar herramientas apropiadas** ¿Qué otras herramientas puedes usar para resolver este problema?

⭐ Práctica guiada

Usar herramientas apropiadas

Tres amigos tienen 8 libros cada uno.
Colocan sus libros en 4 pilas iguales.
¿Cuántos libros hay en cada pila?

> También puedes usar
> una herramienta digital apropiada.
> La tecnología puede ayudarte
> a resolver un problema.

1. Escoge una herramienta para representar el problema.
Explica por qué escogiste esa herramienta.

2. Resuelve el problema. Explica cómo usaste la herramienta que escogiste.

⭐ Práctica independiente

Usar herramientas apropiadas

Quince estudiantes trabajan en grupos iguales para hacer carteles. Hay 5 estudiantes en cada grupo. Cada grupo necesita tener 2 adultos que los ayuden. ¿Cuántos adultos se necesitan?

3. Escoge una herramienta para representar el problema. Explica por qué escogiste esa herramienta.

4. Resuelve el problema. Explica cómo usaste la herramienta que escogiste.

5. Los carteles tienen que tener una longitud de 20 pulgadas cada uno. ¿Qué herramienta pueden usar los estudiantes para comprobar si los carteles son del tamaño correcto? Explica cómo pueden usar esta herramienta.

Exhibición de tapas de botellas

Las tapas de botellas que se muestran a la derecha están repartidas en grupos iguales entre Kerry y Nita. Hay 4 tapas de botellas anaranjadas. Kerry quiere ordenar sus tapas de botellas en una matriz.

6. Entender y perseverar ¿Qué necesitas hallar antes de hacer una matriz? Muestra una manera de hallarlo. Puedes usar una herramienta como ayuda.

7. Usar herramientas apropiadas Escoge una herramienta para representar la matriz de tapas de botellas de Kerry. Explica por qué escogiste esa herramienta.

8. Representar con modelos matemáticos Haz un dibujo para mostrar cómo podría verse la matriz de Kerry. Luego, escribe una ecuación de multiplicación para la matriz.

> Piensa en lo que tienes que hacer en el problema. Luego, usa herramientas apropiadas que puedan ayudarte a resolverlo.

9. Usar la estructura Escribe una ecuación de multiplicación diferente con los mismos dos factores que usaste en el Ejercicio **8**. ¿Cambió el producto? Explícalo.

10. Evaluar el razonamiento Kerry dice que puede usar una barra de decenas para representar la matriz. ¿Estás de acuerdo? Explícalo.

Emparéjalo

Trabaja con un compañero. Señala una pista y léela.

Mira la tabla de la parte de abajo de la página y busca la pareja de esa pista. Escribe la letra de la pista en la casilla que corresponde.

Halla una pareja para cada pista.

Puedo...
sumar y restar hasta 20.

También puedo construir argumentos matemáticos.

Pistas

A es igual a $9 + 11$.

E es igual a $19 - 9$.

I es igual a $2 - 2$.

B es igual a $13 - 6$.

F es igual a $9 + 6$.

J es igual a $9 + 10$.

C es igual a $8 + 8$.

G es igual a $10 - 7$.

K es igual a $16 - 8$.

D es igual a $12 - 8$.

H es igual a $8 + 9$.

L es igual a $6 + 7$.

☐ $3 + 0$	☐ $10 + 6$	☐ $9 - 9$
☐ $15 - 8$	☐ $9 + 4$	☐ $4 + 4$
☐ $10 + 7$	☐ $13 - 9$	☐ $12 + 8$
☐ $5 + 5$	☐ $8 + 7$	☐ $10 + 9$

Repaso del vocabulario

Glosario

Comprender el vocabulario

Escoge el mejor término de la Lista de palabras y escríbelo en el espacio en blanco.

1. El/La _____ es una operación que puedes usar para juntar _____.

2. Para resolver una ecuación hay que hallar el valor del/de la _____.

3. Puedes usar un/una _____ para mostrar objetos en filas y columnas.

4. Una recta con marcas en unidades iguales y con secuencia numérica se llama _____.

Escribe un ejemplo y un contraejemplo para cada término.

	Ejemplo	Contraejemplo
5. División	_____	_____
6. Ecuación	_____	_____
7. Propiedad conmutativa de la multiplicación	_____	_____

Usa el vocabulario al escribir

8. Explica cómo puedes multiplicar 3 × 4. Usa al menos 2 términos de la Lista de palabras en tu explicación.

Grupo A   páginas 5 a 8

¿Cuánto es 3 grupos de 4?

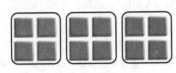

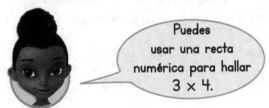

$4 + 4 + 4 = 12$

$3 \times 4 = 12$

$4 + 4 + 4 = 3 \times 4$

Recuerda que puedes usar la suma o la multiplicación para juntar grupos iguales.

Refuerzo

Completa cada ecuación. Usa fichas o haz un dibujo para ayudarte.

1. $2 + 2 + 2 = 3 \times$ ____

2. ____ $+$ ____ $+$ ____ $= 3 \times 6$

3. $8 +$ ____ $+$ ____ $=$ ____ $\times 8$

Grupo B   páginas 9 a 12

Cuenta de 4 en 4 tres veces.

Puedes usar una recta numérica para hallar 3×4.

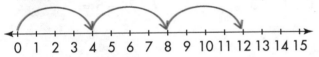

Cantidad de saltos: 3
Cantidad en cada salto: 4

$3 \times 4 = 12$

Recuerda que puedes contar salteado en una recta numérica.

Usa la recta numérica para completar cada ecuación de multiplicación.

1. $2 \times 3 =$ ____

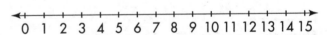

2. $4 \times 3 =$ ____

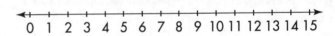

Grupo C   páginas 13 a 16

Halla 4×6.
La matriz muestra 4 filas de 6 fichas.

Cada fila es un grupo igual. Puedes contar salteado o multiplicar para hallar el total.

6, 12, 18, 24
$4 \times 6 = 24$

Recuerda que una matriz muestra objetos en filas iguales.

Muestra cómo puedes contar salteado y multiplicar en cada matriz.

1.

2.

Esta matriz muestra
3 filas de 4.

$3 \times 4 = 12$

Por tanto, $3 \times 4 = 4 \times 3$.

Esta matriz muestra
4 filas de 3.

$4 \times 3 = 12$

Recuerda que la propiedad conmutativa de la multiplicación dice que puedes multiplicar factores en cualquier orden y el producto es el mismo.

> Dibuja matrices y escribe los productos.

1. $2 \times 5 =$ _____ $5 \times 2 =$ _____

Grupo D | páginas 17 a 24

Dos amigos reparten 6 frutas por igual. ¿Cuántas frutas recibe cada amigo?

$6 \div 2 = 3$ frutas

Puedes usar la resta repetida.

$6 - 2 = 4$
$4 - 2 = 2$
$2 - 2 = 0$
$6 \div 2 = 3$

Restas 2 de 6 tres veces para llegar a cero.

Recuerda que la división es una operación que se usa para hallar la cantidad de grupos iguales o la cantidad en cada grupo igual.

1. 3 niños se reparten nueve cajas de pasas. Cada niño recibe ☐ cajas de pasas.

2. $12 \div 2 =$ _____   **3.** $10 \div 5 =$ _____

4. $25 \div 5 =$ _____   **5.** $16 \div 4 =$ _____

6. $12 \div 3 =$ _____   **7.** $24 \div 6 =$ _____

Grupo E | páginas 25 a 28

Piensa en estas preguntas como ayuda para **usar herramientas apropiadas de manera estratégica.**

Hábitos de razonamiento

¿Qué herramientas puedo usar?

¿Por qué debo usar esta herramienta como ayuda para resolver el problema?

¿Hay alguna otra herramienta que podría usar?

¿Estoy usando la herramienta correctamente?

Recuerda que puedes usar herramientas digitales.

Sam hace pastelitos para regalar 3 a cada uno de sus 8 amigos. En cada bandeja caben 6 pastelitos. ¿Cuántas bandejas necesita?

1. Escoge una herramienta para representar el problema. Explica por qué escogiste esa herramienta.

2. Resuelve el problema. Explica cómo te ayudó la herramienta.

Nombre _____

1. Julia hizo un dibujo. ¿Qué expresión de multiplicación representa la cantidad total de círculos?

Ⓐ 4 × 3

Ⓑ 4 × 1

Ⓒ 4 × 2

Ⓓ 4 × 8

2. Adán colocó 2 tortugas en cada una de las 4 peceras.

A. Escribe una ecuación que represente cuántas tortugas tiene Adán en total.

B. ¿Cuántas tortugas tiene Adán en total?

☐ tortugas

3. La regadera de Noah puede contener agua para regar 4 plantas. ¿Cuántas plantas puede regar Noah si llena su regadera 3 veces?

☐ plantas

4. Megan organizó sus fotos en esta matriz. ¿Cuál es la ecuación de multiplicación para la matriz? Dibuja una matriz diferente que tenga los mismos factores.

5. José anotó seis goles de 3 puntos en un partido de fútbol americano. ¿Qué ecuación de multiplicación representa los puntos que anotó José?

Ⓐ 6 × 3 = 18

Ⓑ 6 × 1 = 6

Ⓒ 3 × 3 = 9

Ⓓ 6 × 6 = 36

6. Teresa plantó 2 filas de tomates, con 4 plantas en cada fila. Escribe una expresión que represente la cantidad total de plantas. Halla el total de plantas.

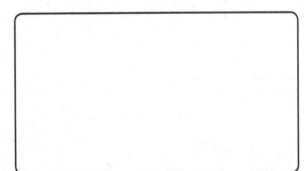

7. Ann tiene 24 pelotas de tenis. Las separa por igual en 3 canastas.

   A. Escribe una ecuación de división que muestre la cantidad de pelotas de tenis que hay en cada canasta.

   B. ¿Cuántas pelotas hay en cada canasta?

      ☐ pelotas

8. Mikael dio 3 lápices a cada uno de 7 amigos. ¿Qué ecuación representa la cantidad total de lápices que Mikael regaló?

   Ⓐ $3 \times 1 = 3$

   Ⓑ $7 \times 1 = 7$

   Ⓒ $7 \times 3 = 21$

   Ⓓ $3 \times 3 = 9$

9. Alan necesita colocar 9 sombreros en cada caja. Tiene 45 sombreros. Escribe y resuelve una ecuación que muestre cuántas cajas puede llenar Alan.

10. En una clase hay 48 estudiantes. La maestra los organiza en 8 grupos iguales. ¿Cuántos estudiantes hay en cada grupo?

   ☐ estudiantes

11. Saima hizo 14 pastelitos para regalar a sus amigos. Quiere regalar 2 pastelitos a cada amigo en su fiesta. ¿A cuántos amigos puede invitar?

   Explica cómo puede averiguar Saima a cuántos amigos invitar.

12. ¿Cuál de los siguientes contextos representa la expresión $15 \div 3$?

   Ⓐ 15 libros repartidos igualmente en 3 estantes

   Ⓑ 15 libros repartidos igualmente en 15 estantes

   Ⓒ 3 books libros repartidos igualmente en 15 estantes

   Ⓓ 3 libros repartidos igualmente en 3 estantes

Nombre _____

Colección de calcomanías

Jaime ahorró dinero para comprar un álbum de calcomanías.
El dinero que ahorró por semana se muestra en la tabla.

Precios de calcomanías

- Los álbumes verdes de calcomanías cuestan $6.

- Los álbumes azules de calcomanías cuestan $9.

- Los álbumes amarillos de calcomanías cuestan $12.

- 3 calcomanías cuestan $1.

Usa la tabla de **Dinero ahorrado por semana** para
responder el Ejercicio **1**.

1. ¿Cuánto dinero ahorró Jaime después de 4 semanas?
Escribe una ecuación de multiplicación para resolverlo.

Dinero ahorrado por semana	
Semana	**Dólares ahorrados por semana**
1	$3
2	$3
3	$3
4	$3

Para responder **2** a **4**, usa la lista de **Precios de calcomanías**.

2. Jaime divide su dinero en dos partes iguales. Gasta 1 parte en un álbum de
calcomanías. ¿Qué álbum puede comprar Jaime?

3. Jaime gasta la otra parte de su dinero en calcomanías. ¿Cuántas calcomanías
puede comprar Jaime?

4. Después de gastar su dinero, Jaime decide que quiere un segundo álbum.
Piensa ahorrar $3 por semana hasta poder comprar también un álbum azul
de calcomanías. ¿Cuántas semanas necesita Jaime para ahorrar el dinero?

Usa la tabla de **Matrices de calcomanías** para responder el Ejercicio **5**.

5. Jaime quiere organizar sus calcomanías en matrices en una página del álbum. Empezó a hacer una tabla para mostrar tres maneras en las que puede hacerlo.

Matrices de calcomanías		
Matriz	**Cantidad de filas**	**Calcomanías en cada fila**
Manera 1	6	3
Manera 2	2	9
Manera 3	_____	_____

Parte A

Dibuja matrices para mostrar dos maneras en las que Jaime piensa organizar sus calcomanías.

Manera 1

Manera 2

Parte B

Dibuja una matriz para mostrar otra manera en la que Jaime puede organizar sus calcomanías. Completa la Manera 3 en la tabla de **Matrices de calcomanías.**

Manera 3

6. Escribe ecuaciones de multiplicación para las matrices y verifica si Jaime usa todas las calcomanías en cada plan. ¿Hay algún par de maneras que muestren los mismos factores? Explícalo.

Operaciones de multiplicación: Usar patrones

Pregunta esencial: ¿Cómo puedo usar lo que sé sobre grupos iguales para multiplicar?

Recursos digitales

Libro del estudiante

Aprendizaje visual

Práctica

Evaluación

Herramientas

Glosario

La fuerza hace que los objetos se muevan.

¡Puedes usar patrones para predecir cómo se moverán los objetos!

¡Movamos algunos números! Este es un proyecto sobre movimiento y patrones.

Proyecto de enVision STEM: Patrones de movimiento

Investigar Los columpios, los subibajas y algunos otros objetos de un área de juego se mueven debido a la fuerza. Usa la Internet u otras fuentes para averiguar qué ocurre cuando estos objetos se mueven. Anota la cantidad de veces que alguien empuja o jala para hacer que un objeto se mueva. Anota la cantidad de veces que el objeto se mueve.

Diario: Escribir un informe Incluye lo que averiguaste. En tu informe, también:

- explica los patrones que hallaste. Indica cómo puedes usar esos patrones para predecir cómo se moverán los objetos en el futuro.

- escribe una ecuación para uno de los patrones.

- explica qué representan los números de tu ecuación.

⭐Repasa lo que sabes⭐

A-Z Vocabulario

Escoge el mejor término del recuadro.
Escríbelo en el espacio en blanco.

| • factores | • multiplicación |
| • matriz | • producto |

1. El/La _____ es el resultado de una multipicación.

2. Los números que se multiplican son _____ .

3. Una operación que da el total al unir grupos iguales es el/la _____ .

La multiplicación como suma repetida

Completa las ecuaciones.

4. $2 + 2 + 2 + 2 = 4 \times$ ____

5. $9 +$ ____ $+$ ____ $=$ ____ $\times 9$

6. ____ $+$ ____ $+$ ____ $+ 5 =$ ____ $\times 5$

7. $2 \times 6 =$ ____ $+$ ____

La multiplicación en la recta numérica

8. Mateo dibujó esta recta numérica.

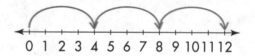

¿Qué multiplicación muestra la recta numérica?

Ⓐ $3 \times 5 = 15$ Ⓑ $3 \times 4 = 12$ Ⓒ $3 \times 3 = 9$ Ⓓ $3 \times 6 = 18$

9. Representa la multiplicación en la recta numérica. Escribe el producto.

$3 \times 2 =$ ____

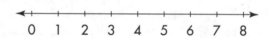

La propiedad conmutativa

10. ¿De qué manera las matrices representan la propiedad conmutativa de la multiplicación?

Nombre _____

PROYECTO
2A

¿Cómo puedes hacer una torre de reloj única?

Proyecto: Diseña una torre de reloj

PROYECTO
2B

¿Quién ganó la Serie Mundial Colegial?

Proyecto: Haz un cartel deportivo y escribe un informe

¿Cuántos son en tu equipo?

Proyecto: Planea tu propia carrera

¿Cuánto puedes vender?

Proyecto: Organiza una colecta

Nombre ____________________

Lección 2-1
El 2 y el 5 como factores

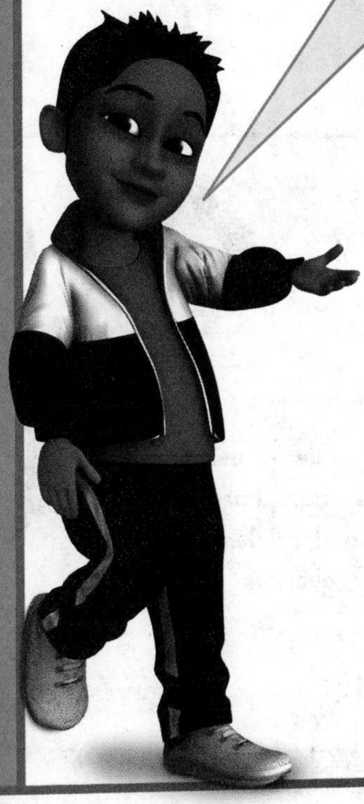

Puedo...
usar patrones para multiplicar por 2 y por 5.

También puedo entender bien los problemas.

Resuélvelo y coméntalo Cada pollo tiene 2 patas. ¿Cuántas patas hay en un grupo de 9 pollos? Muestra cómo lo averiguaste.

Puedes entender y perseverar para resolver el problema usando una recta numérica o una tabla para anotar y analizar información.

Cantidad de pollos									
Cantidad de patas									

¡Vuelve atrás! Explica de qué otra manera puedes resolver el problema.

¿Cómo puedes usar patrones para multiplicar por 2 y por 5?

A

¿Cuántos calcetines hay en 7 pares?
¿Cuántos dedos hay en 7 guantes?

Puedes duplicar para hallar la cantidad de calcetines que son 7 pares, 7 + 7 = 14, o puedes contar salteado: 2, 4, 6, 8, 10, 12, 14.

Halla 7 × 2.

1 par	2 pares	3 pares	4 pares	5 pares	6 pares	7 pares
1 × 2	2 × 2	3 × 2	4 × 2	5 × 2	6 × 2	7 × 2
2	4	6	8	10	12	14

Hay 14 calcetines en 7 pares.

B

Halla 7 × 5.

$1 \times 5 = 5$
$2 \times 5 = 10$
$3 \times 5 = 15$
$4 \times 5 = 20$
$5 \times 5 = 25$
$6 \times 5 = 30$
$7 \times 5 = 35$

Puedes contar salteado para hallar cuántos dedos hay en 7 guantes: 5, 10, 15, 20, 25, 30, 35.

También puedes usar patrones para hallar la cantidad de dedos en 7 guantes.

Hay 35 dedos en 7 guantes.

¡Convénceme! **Usar la estructura** Duplica, cuenta salteado o usa patrones para responder a estas preguntas:

¿Cuántos calcetines hay en 9 pares? ¿En 10 pares?

¿Cuántos dedos hay en 9 guantes? ¿En 10 guantes?

Otro ejemplo

Los múltiplos son los productos de un número y otros números enteros. Los múltiplos de 2 y 5 tienen patrones en sus productos.

Operaciones de multiplicación del 2	
$0 \times 2 = 0$	$5 \times 2 = 10$
$1 \times 2 = 2$	$6 \times 2 = 12$
$2 \times 2 = 4$	$7 \times 2 = 14$
$3 \times 2 = 6$	$8 \times 2 = 16$
$4 \times 2 = 8$	$9 \times 2 = 18$

Operaciones de multiplicación del 5	
$0 \times 5 = 0$	$5 \times 5 = 25$
$1 \times 5 = 5$	$6 \times 5 = 30$
$2 \times 5 = 10$	$7 \times 5 = 35$
$3 \times 5 = 15$	$8 \times 5 = 40$
$4 \times 5 = 20$	$9 \times 5 = 45$

Los productos de las operaciones de multiplicación del 2 son múltiplos de 2. Los múltiplos de 2 terminan en 0, 2, 4, 6 u 8.

Los productos de las operaciones de multiplicación del 5 son múltiplos de 5. Los múltiplos de 5 terminan en 0 o 5.

Práctica guiada

¿Lo entiendes?

1. Explica cómo puedes usar la duplicación para hallar 2×8.

2. Bert dice que 2×9 es 19. ¿Cómo puedes usar patrones para mostrar que la respuesta de Bert no es correcta?

¿Cómo hacerlo?

Para **3** a **5**, halla el producto.

3. $2 \times 4 =$ ___

$2 \times 1 = 2$
$2 \times 2 = 4$
$2 \times 3 =$ ___
$2 \times 4 =$ ___

4. $\begin{array}{r} 8 \\ \times\ 2 \\ \hline \end{array}$

5. $\begin{array}{r} 5 \\ \times\ 8 \\ \hline \end{array}$

Práctica independiente

Para **6** a **12**, halla el producto o factor que falta.

6. $2 \times 2 =$ ___

7. $3 \times$ ___ $= 15$

8. ___ $\times 2 = 14$

9. $\begin{array}{r} 6 \\ \times\ 5 \\ \hline \end{array}$

10. $\begin{array}{r} 4 \\ \times\ 2 \\ \hline \end{array}$

11. $\begin{array}{r} 9 \\ \times\ 2 \\ \hline \end{array}$

12. $\begin{array}{r} 5 \\ \times\ 7 \\ \hline \end{array}$

Resolución de problemas

13. Eric tiene algunas monedas de 5¢. Dice que tiene exactamente 34 centavos. ¿Puedes decir si tiene razón o no? ¿Por qué?

14. Evaluar el razonamiento Brian dijo que $78 + 92 + 85$ es igual a 300 porque cada sumando está cerca de 100 y tres veces 100 es igual a 300. Explica por qué el razonamiento de Brian no es correcto.

15. Sara cambió 6 monedas de 5¢ por monedas de 10¢. ¿Cuántas monedas de 10¢ recibió?

16. enVision® STEM Miguel observa el movimiento del péndulo en su reloj. Se da cuenta de que el péndulo oscila 1 vez cada 2 segundos. ¿Cuánto tiempo tomará el péndulo en oscilar 5 veces?

17. Ana tiene las monedas que se muestran a continuación.

Ana contó el valor de sus monedas en centavos. Haz una lista de los números que Ana usó.

18. Razonamiento de orden superior Javier fue a jugar bolos. En su primer turno, derribó 2 bolos. En su segundo turno, derribó el doble de bolos que había derribado en su primer turno. ¿Cuántos bolos en total derribó Javier? ¿Cómo lo sabes?

Práctica para la evaluación

19. Mary Beth dibujó 4 pentágonos. ¿Cuántos lados hay en total en los 4 pentágonos de Mary Beth?

Ⓐ 10

Ⓑ 15

Ⓒ 20

Ⓓ 25

20. Carmen tiene 6 pares de zapatos. ¿Cuántos zapatos individuales tiene Carmen?

Ⓐ 6

Ⓑ 8

Ⓒ 10

Ⓓ 12

Nombre _____

Resuélvelo y coméntalo

María compró 4 paquetes de agua embotellada. Hay 9 botellas en cada paquete. ¿Cuántas botellas de agua compró María? Explica cómo resolviste el problema.

Puedo...
usar patrones para multiplicar por 9.

También puedo construir argumentos matemáticos.

Una matriz o una tabla de datos puede ayudarte a construir argumentos.

¡Vuelve atrás! Si María comprara 9 paquetes de agua embotellada y en cada paquete hubiera 4 botellas, ¿sería igual o diferente la cantidad de botellas que compró María? Explícalo.

A

¿Cómo puedes usar patrones para hallar las operaciones de multiplicación del 9?

Para la venta anual de plantas del Jardín Botánico de la Florida, se pusieron a la venta nueve rosas por paquete. ¿Cuántas rosas hay en 8 paquetes?

DATOS

Operaciones de multiplicación del 9

$0 \times 9 = 0$
$1 \times 9 = 9$
$2 \times 9 = 18$
$3 \times 9 = 27$
$4 \times 9 = 36$
$5 \times 9 = 45$
$6 \times 9 = 54$
$7 \times 9 = 63$
$8 \times 9 = $ ▢
$9 \times 9 = $ ▢

Para hallar el múltiplo siguiente a 9 de la tabla, puedes sumar diez y luego restar 1.

B

Una manera

Empieza con $1 \times 9 = 9$.

Cuando sumas diez:
Aumenta el lugar de las decenas en 1.

Cuando restas 1:
Disminuye el lugar de las unidades en 1.

$2 \times 9 = 18$
$3 \times 9 = 27$
$4 \times 9 = 36$
$5 \times 9 = 45$
$6 \times 9 = 54$
$7 \times 9 = 63$
$8 \times 9 = 72$

C

Otra manera

Empieza en 0.

Por cada grupo de 9:
Suma 1 decena y luego resta 1 unidad.

Para 8 grupos de 9:
Suma 8 decenas y resta 8 unidades.
$8 \times 9 = 8 \text{ decenas} - 8 \text{ unidades}$
$8 \times 9 = 80 - 8$
$8 \times 9 = 72$

Hay 72 rosas en 8 paquetes.

¡Convénceme! **Usar la estructura** Usa los patrones anteriores para hallar 9×9. Explica cómo hallaste el producto.

Nombre _____

☆ Práctica guiada

¿Lo entiendes?

1. Pablo cree que 3 × 9 es 24. Usa un patrón del 9 para demostrar que Pablo está equivocado.

2. Mira la tabla de las operaciones de multiplicación del 9 de la página anterior. Describe un patrón numérico en los múltiplos de 9.

¿Cómo lo sabes?

Para **3** a **10**, halla los productos.

3. $9 \times 2 =$ _____

4. $5 \times 9 =$ _____

5. $7 \times 9 =$ _____

6. $4 \times 9 =$ _____

7. $2 \times 9 =$ _____

8. $6 \times 9 =$ _____

Puedes usar patrones para resolver operaciones de multiplicación del 9.

9. $\begin{array}{r} 3 \\ \times\ 9 \\ \hline \end{array}$ **10.** $\begin{array}{r} 8 \\ \times\ 9 \\ \hline \end{array}$

☆ Práctica independiente ☆

Para **11** a **22**, halla el producto o factor que falta.

11. $9 \times 0 =$ _____

12. $2 \times$ _____ $= 18$

13. _____ $\times 9 = 72$

14. $9 \times 9 =$ _____

15. $\begin{array}{r} 4 \\ \times\ 9 \\ \hline \end{array}$ **16.** $\begin{array}{r} 9 \\ \times\ 5 \\ \hline \end{array}$ **17.** $\begin{array}{r} 9 \\ \times\ 7 \\ \hline \end{array}$ **18.** $\begin{array}{r} 9 \\ \times\ 1 \\ \hline \end{array}$

19. ¿Cuánto es 9×3? _____

20. ¿Cuánto es 9×6? _____

21. ¿Cuánto es 0×9? _____

22. ¿Cuánto es 9×8? _____

Resolución de problemas

Para **23** a **25**, usa la tabla de la derecha.

23. Razonar La biblioteca organizó una venta de libros usados. ¿Cuánto cuestan 4 libros de tapa dura? Dibuja una recta numérica para mostrar la respuesta.

Venta de libros de la biblioteca	
Libros de tapa blanda	$5
Libros de tapa dura	$9
Revistas	$2

DATOS

24. Razonamiento de orden superior ¿Cuánto más gastaría Camilo si comprara 3 libros de tapa dura en lugar de 3 libros de tapa blanda? Muestra cómo hallaste la respuesta.

25. Magda compró solamente revistas. El empleado le dijo que debía pagar $15. ¿Cómo sabe Magda que el empleado se equivocó?

26. El dueño de una florería puso 9 girasoles en cada uno de 6 jarrones. Luego, contó las flores de nueve en nueve. Haz una lista de los números que dijo.

27. Sentido numérico Chris y Jerome jugaron un videojuego. Chris hizo 437 puntos. Jerome hizo 398 puntos. ¿Quién hizo más puntos? Explícalo usando >, < o =.

✓ Práctica para la evaluación

28. Sarah plantó 2 grupos de 9 palmeras. ¿Cuántas palmeras plantó Sarah?

Ⓐ 9

Ⓑ 18

Ⓒ 27

Ⓓ 36

29. Corky divide su ruta de Orlando a Florida en 9 tramos de 9 millas cada uno. ¿Cuántas millas hay de Orlando a Florida?

Ⓐ 9

Ⓑ 27

Ⓒ 72

Ⓓ 81

Nombre ______________________________

Lección 2-3
Usar propiedades: Multiplicar por 0 y 1

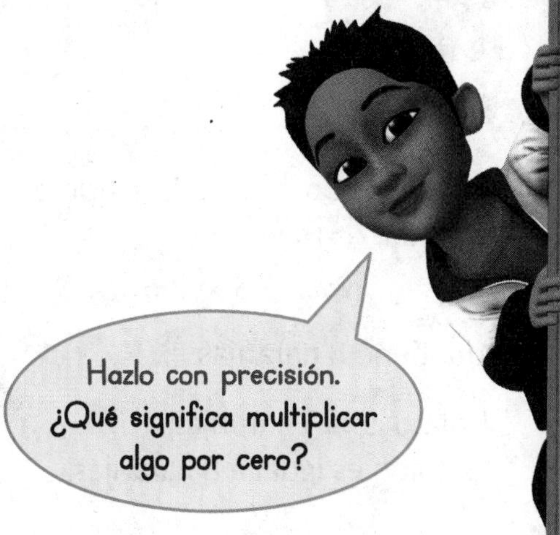

Puedo...
usar patrones y propiedades para multiplicar por 0 y por 1.

También puedo hacer mi trabajo con precisión.

Resuélvelo y coméntalo Carlos dijo que 6 veces 0 es igual a 6. ¿Estás de acuerdo? Explica tu razonamiento.

Hazlo con precisión. ¿Qué significa multiplicar algo por cero?

¡Vuelve atrás! Haz un dibujo para representar $5 \times 0 = 0$.

¿Cuáles son los patrones de los múltiplos de 1 y 0?

Kira tiene 8 platos con 1 naranja en cada plato. ¿Cuántas naranjas tiene Kira?

Puedes usar patrones para hallar 8×1.

B 8 grupos con 1 en cada grupo es igual a 8 en total.

$$8 \times 1 = 8$$

Kira tiene 8 naranjas.

1 plato con 8 naranjas también es igual a 8 naranjas.

$$1 \times 8 = 8$$

Propiedad de identidad (del uno) de la multiplicación: Cuando multiplicas un número por 1, el producto es ese número.

C Si Kira tiene 4 platos con 0 naranjas en cada plato, tiene 0 naranjas.

$$4 \times 0 = 0$$

Si $4 \times 0 = 0$, entonces $0 \times 4 = 0$.

Propiedad del cero de la multiplicación: Cuando multiplicas un número por 0, el producto es 0.

¡Convénceme! **Usar herramientas apropiadas** ¿Cómo puedes usar fichas para mostrar 7×1? ¿Cuántas fichas tendrías en total?

☆ Práctica guiada

¿Lo entiendes?

1. Dibuja una recta numérica para mostrar $8 \times 1 = 8$.

2. Carlos tiene 6 platos. Cada plato tiene 1 manzana y 0 uvas. ¿Cuántas manzanas hay? ¿Cuántas uvas hay?

¿Cómo hacerlo?

Para **3** a **8**, halla los productos.

3.

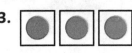

$3 \times 1 =$ _____

4.

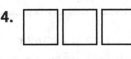

$3 \times 0 =$ _____

5. $1 \times 7 =$ _____

6. $5 \times 0 =$ _____

7. $\begin{array}{r} 4 \\ \times\, 0 \\ \hline \end{array}$ **8.** $\begin{array}{r} 2 \\ \times\, 1 \\ \hline \end{array}$

Puedes usar las propiedades de identidad y del cero de la multiplicación para hallar estos productos.

☆ Práctica independiente ☆

Para **9** a **15**, halla los productos.

9. $0 \times 4 =$ _____   **10.** $1 \times 6 =$ _____   **11.** $4 \times 1 =$ _____

12. $\begin{array}{r} 9 \\ \times\, 1 \\ \hline \end{array}$ **13.** $\begin{array}{r} 0 \\ \times\, 2 \\ \hline \end{array}$ **14.** $\begin{array}{r} 1 \\ \times\, 1 \\ \hline \end{array}$ **15.** $\begin{array}{r} 6 \\ \times\, 0 \\ \hline \end{array}$

Para **16** a **21**, escribe <, > o = en los ◯ para comparar.

16. 1×6 ◯ 8×0 **17.** 0×6 ◯ 6×0 **18.** 0×7 ◯ 5×1

19. 0×0 ◯ 0×9 **20.** 1×7 ◯ 5×1 **21.** 1×4 ◯ 4×1

Resolución de problemas

22. Beto dibujó este modelo para mostrar que 5 grupos de 1 es lo mismo que 1 grupo de 5. ¿Tiene razón? Explica cómo lo sabes.

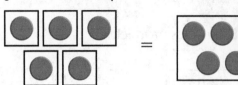

23. **Entender y perseverar** Un equipo de monociclos de relevos tiene 4 ciclistas. Cada ciclista tiene un monociclo. Si cada monociclo tiene 1 rueda, ¿cuántas ruedas tiene el equipo? ¿Qué propiedad de la multiplicación puedes usar para hallar la respuesta?

---

24. Los boletos para un concierto de la escuela son gratis para los estudiantes. El precio es $1 por adulto. ¿Cuál es el precio total de los boletos para 5 estudiantes?

25. **Razonamiento de orden superior** El producto de dos factores es 0. Uno de los factores es 0. ¿Puedes decir cuál es el otro factor? Explica tu respuesta.

---

26. Los estudiantes del tercer grado tendrán un desfile de bicicletas. La clase de Bárbara tiene 18 bicicletas. La clase de Tim tiene algunas filas de bicicletas con 5 bicicletas en cada fila. La clase de Tim tiene más bicicletas que la clase de Bárbara. ¿Cuántas filas de bicicletas podría tener la clase de Tim? Explícalo.

Práctica para la evaluación

27. Usa la propiedad del cero en la multiplicación y la propiedad de identidad de la multiplicación para seleccionar todas las ecuaciones correctas.

☐ $1 \times 4 = 1$

☐ $4 \times 4 = 0$

☐ $7 \times 1 = 7$

☐ $0 \times 9 = 9$

☐ $0 \times 1 = 0$

28. Usa la propiedad del cero en la multiplicación y la propiedad de identidad de la multiplicación para seleccionar todas las ecuaciones correctas.

☐ $0 \times 0 = 0$

☐ $1 \times 3 = 3$

☐ $6 \times 1 = 6$

☐ $0 \times 4 = 0$

☐ $1 \times 1 = 0$

Nombre _____

Resuélvelo y coméntalo

David corre 10 millas cada semana. ¿Cuántas millas correrá en 6 semanas? ¿En 7 semanas? ¿En 8 semanas? Describe los patrones que hallaste.

Puedo...
usar patrones de valor de posición para multiplicar por 10.

También puedo buscar patrones para resolver problemas.

Puedes generalizar. ¿Qué se repite en el problema?

¡Vuelve atrás! ¿Cómo se relacionan los patrones de la multiplicación por 10 y los patrones de la multiplicación por 5?

Pregunta esencial ¿Cuáles son los patrones de los múltiplos de 10?

A

Greg se quiere entrenar para una carrera que tendrá lugar en 10 semanas. La tabla muestra su horario de entrenamiento. ¿Cuántas millas nadará, cuántas millas correrá y cuántas millas montará en bicicleta Greg para entrenarse para la carrera?

DATOS

Horario semanal de entrenamiento	
Actividad	**Millas**
Nadar	4 millas
Correr	10 millas
Montar en bicicleta	9 millas

Puedes usar el valor de posición para hallar múltiplos de 10.

B **Usa bloques de valor de posición.**

Halla 4 × 10.

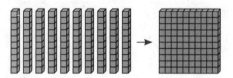

4 × 10 es 4 grupos de 10, o 40.
40 es diez veces 4.
Greg nadará 40 millas.

Halla 10 × 10.

10 × 10 es 10 grupos de 10, o 100.
100 es diez veces 10.
Greg correrá 100 millas.

C **Usa patrones de valor de posición.**

Cuando multiplicas un número por 10, el número te dice qué anotar en el lugar de las decenas.

Halla 9 × 10.

1 × 10 = 10
2 × 10 = 20
3 × 10 = 30
4 × 10 = 40
5 × 10 = 50
6 × 10 = 60
7 × 10 = 70
8 × 10 = 80
9 × 10 = 90

9 × 10 es 9 grupos de 10, o 90. Greg montará en bicicleta 90 millas.

¡Convénceme! **Usar la estructura** Greg también camina 5 millas por semana, las 10 semanas de su entrenamiento. ¿Cuántas millas caminó Greg en total? Escribe una ecuación y explica cómo usar un patrón para hallar el producto.

Nombre _____

Otro ejemplo

Puedes usar una recta numérica para hallar 3×10.

30 es 3 grupos de 10.
30 es 10 veces 3.

$3 \times 10 = 30$

Práctica guiada

¿Lo entiendes?

1. ¿Cómo puedes usar el valor de posición para hallar 9×10?

2. Si multiplicas cualquier número de un dígito por 10, ¿qué escribes en el dígito de las decenas del producto?

¿Cómo hacerlo?

Para **3** a **6**, halla los productos.

3. $2 \times 10 = $ _____0

4. $6 \times 10 = $ _____0

5. $8 \times 10 = $ _____

6. $9 \times 10 = $ _____

Práctica independiente

Para **7** y **8**, usa las rectas numéricas para hallar el producto.

7. $1 \times 10 = $ _____

8. $5 \times 10 = $ _____

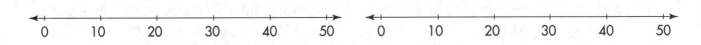

Para **9** a **14**, halla el producto o factor que falta.

9. $10 \times 2 = $ _____0

10. $9 \times 10 = $ _____0

11. $7 \times 10 = $ _____0

12. $3 \times 10 = $ _____

13. $5 \times $ _____ $ = 50$

14. $80 = 10 \times $ _____

Resolución de problemas

15. Razonar Eduardo le pidió prestados $65 a su papá. Cada mes, Eduardo le devuelve $12. Completa la tabla para hallar cuánto dinero le debe todavía Eduardo a su papá después de 4 meses.

Mes	Cantidad que debe Eduardo
Abril	$65 − $12 = ___
Mayo	___ − $12 = ___
Junio	___ − ___ = ___
Julio	___ − ___ = ___

16. Kimmy compró 7 boletos para un concierto. Cada boleto cuesta $10. También pagó $5 por una tarifa de envío. Escribe ecuaciones para mostrar cuánto dinero gastó Kimmy en total.

17. Escribe una ecuación de suma y una ecuación de multiplicación para la siguiente matriz.

●●●●●
●●●●●
●●●●●

18. Usa la tabla para hallar cuántos jugos en total se compraron para un picnic escolar.

DATOS	Alimento	Cantidad de paquetes	Cantidad por paquete
	Hot dogs	8	10
	Panecillos	10	9
	Jugos	7	10

Jugos: ___

19. Razonamiento de orden superior Cada semana, Greg monta en bicicleta 9 millas y nada 4 millas. Multiplicó 5×10 para saber cuántas millas más recorrió en bicicleta que las que nadó durante 10 semanas. ¿Tiene sentido? ¿Por qué?

20. Kinsey ordena sus botones en 4 grupos iguales de 10. Mara ordena sus botones en 9 grupos iguales de 10. Seth ordena sus botones en 3 grupos iguales de 10. Selecciona los números para completar las ecuaciones que representan las ordenaciones de los botones.

3	4	9	10	40	90

$4 \times 10 = \boxed{}$

$\boxed{} \times 10 = 90$

$3 \times \boxed{} = 30$

21. Mark ordena sus tarjetas en 2 filas iguales de 10. Jeff ordena sus tarjetas en 7 filas iguales de 10. Paul ordena sus tarjetas en 10 filas iguales de 10. Selecciona los números para completar las ecuaciones que representan las ordenaciones de las tarjetas.

2	7	10	20	70	100

$2 \times \boxed{} = 20$

$\boxed{} \times 10 = 70$

$10 \times 10 = \boxed{}$

Nombre _____

Resuélvelo y coméntalo

Una compañía vende cajas de lápices de colores. Cada caja contiene 5 lápices. ¿Cúantos lápices hay en 5 cajas? ¿En 9 cajas? ¿En 10 cajas? Explica cómo hallaste las respuestas.

Puedo...

usar operaciones básicas de multiplicación para resolver problemas.

También puedo usar herramientas matemáticas para ayudarme a resolver problemas.

Cantidad de cajas	1	5	9	10
Cantidad de lápices de colores	5			

Puedes usar herramientas apropiadas para hacer una matriz para mostrar la multiplicación.

¡Vuelve atrás! Otra compañía vende cajas que tienen 9 lápices de colores cada una. ¿Cuántos lápices hay en 5 cajas? ¿En 9 cajas? ¿En 10 cajas?

Pregunta esencial

¿Cómo usas las multiplicaciones para resolver problemas?

A

Brendan tiene práctica de tiro con arco. El tablero del tiro al blanco muestra los puntos que anota al dar en una sección. ¿Cuántos puntos anotó Brendan por las flechas que dieron en el anillo negro? ¿Cuántos puntos anotó por las del anillo rojo?

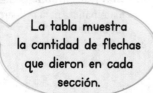

La tabla muestra la cantidad de flechas que dieron en cada sección.

Sección de la diana	Cantidad de flechas
10	3
9	4
5	9
2	8
1	7

1
2
5
9
10

B

8 flechas dieron en el anillo negro.

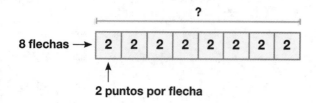

?

8 flechas → | 2 | 2 | 2 | 2 | 2 | 2 | 2 | 2 |

↑ 2 puntos por flecha

El diagrama de barras muestra 8 grupos iguales de 2.

$8 \times 2 = 16$

Brendan anotó 16 puntos por las 8 flechas.

C

4 flechas dieron en el anillo rojo.

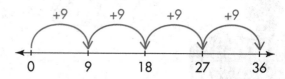

+9   +9   +9   +9

0   9   18   27   36

Cuenta de 9 en 9 y anota los conteos.

9, 18, 27, 36

$4 \times 9 = 36$

Brendan anotó 36 puntos por las 4 flechas.

¡Convénceme! Hacerlo con precisión ¿Cuántos puntos anotó Brendan por las flechas que dieron en el anillo amarillo? Explica cómo lo sabes.

Nombre _____

☆Práctica guiada

¿Lo entiendes?

1. ¿Cómo te puede ayudar saber que $5 \times 6 = 30$ para hallar 6×5?

2. ¿Cómo puedes hallar $8 + 8 + 8 + 8 + 8$ sin sumar?

¿Cómo hacerlo?

Para **3** a **9**, halla los productos.

3. $5 \times 9 =$ _____   **4.** $2 \times 1 =$ _____

5. $0 \times 10 =$ _____   **6.** $5 \times 4 =$ _____

7. $\begin{array}{r} 1 \\ \times\ 2 \\ \hline \end{array}$ **8.** $\begin{array}{r} 2 \\ \times\ 7 \\ \hline \end{array}$

9. ¿Cuánto es 4×9?

☆Práctica independiente

Para **10** a **26**, halla los productos.

10. $2 \times 5 =$ _____   **11.** $9 \times 0 =$ _____   **12.** $1 \times 4 =$ _____

13. _____ $= 6 \times 2$ **14.** $10 \times 6 =$ _____   **15.** _____ $= 7 \times 1$

16. $\begin{array}{r} 2 \\ \times\ 10 \\ \hline \end{array}$ **17.** $\begin{array}{r} 2 \\ \times\ 1 \\ \hline \end{array}$ **18.** $\begin{array}{r} 9 \\ \times\ 9 \\ \hline \end{array}$ **19.** $\begin{array}{r} 7 \\ \times\ 2 \\ \hline \end{array}$

20. $\begin{array}{r} 9 \\ \times\ 3 \\ \hline \end{array}$ **21.** $\begin{array}{r} 0 \\ \times\ 7 \\ \hline \end{array}$ **22.** $\begin{array}{r} 4 \\ \times\ 5 \\ \hline \end{array}$ **23.** $\begin{array}{r} 5 \\ \times\ 7 \\ \hline \end{array}$

24. ¿Cuánto es 1×1?   **25.** ¿Cuánto es 10×10?   **26.** ¿Cuánto es 3×9?

Resolución de problemas

27. Evaluar el razonamiento Arturo dice que 9 × 6 es menor que 10 × 4 porque 9 es menor que 10. ¿Estás de acuerdo con el razonamiento de Arturo? Explica por qué.

28. Victoria tiene 5 pares de zapatos. ¿Qué ecuación puede escribir Victoria para hallar cuántos zapatos tiene?

29. Muestra 7:50 en el reloj.

30. Robb tiene 35 fichas rojas y 39 fichas amarillas. Le da a su hermana 18 fichas rojas. ¿Cuántas fichas le quedan a Robb?

31. Luis hizo una matriz con 4 filas y 9 columnas. Rashida hizo una matriz con 9 filas y 4 columnas. ¿De quién es la matriz con más objetos? Explícalo.

32. Razonamiento de orden superior
Tres flechas de Brendan dieron en la sección de 10 puntos, 4 flechas en la sección de 9 puntos, 9 flechas en la sección de 5 puntos, 8 en la de 2 puntos y 7 flechas en la sección de 1 punto. ¿Cuál fue el puntaje total que anotó Brendan?

✓ Práctica para la evaluación

33. Craig visita un museo de ferrocarriles y toma fotos de las locomotoras. Ordena las fotos en una matriz de 5 filas iguales de 9 fotos. ¿Cuántas fotos hay en la matriz de Craig?

Ⓐ 5

Ⓑ 9

Ⓒ 45

Ⓓ 59

Piensa en las diferentes maneras que conoces para hallar y representar operaciones de multiplicación.

Nombre ______________________

Resuélvelo y coméntalo

Sam compró un hámster que costó $10 en la tienda de mascotas. También compró 5 ratoncitos a $4 cada uno. ¿Cuánto gastó Sam en total? Escribe para explicar las matemáticas que usaste para resolver el problema.

Resolución de problemas

Lección 2-6
Representar con modelos matemáticos

Puedo...
usar lo que sé de matemáticas para resolver problemas.

También puedo multiplicar para resolver problemas.

Hábitos de razonamiento

¡Razona correctamente!
Estas preguntas te pueden ayudar.

- ¿Cómo puedo usar lo que sé de matemáticas para resolver este problema?
- ¿Cómo puedo usar dibujos, objetos y ecuaciones para representar el problema?
- ¿Cómo puedo usar números, palabras y símbolos para resolver este problema?

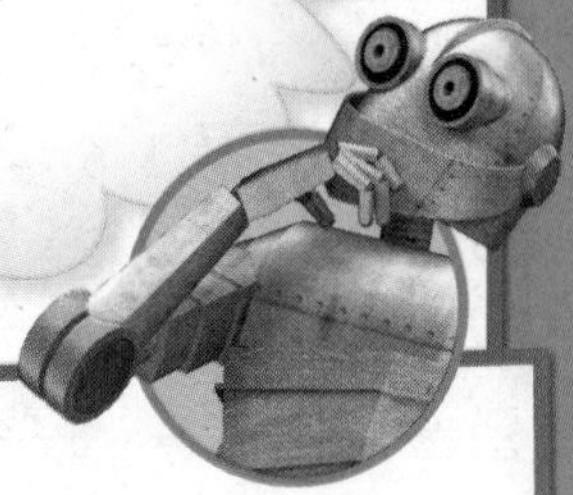

¡Vuelve atrás! **Representar con modelos matemáticos** ¿Cómo cambiaría tu respuesta al anterior problema si Sam solo compra 4 ratoncitos?

Pregunta esencial ¿Cómo puedes representar con modelos matemáticos?

A

Keisha compró 2 yardas de fieltro para hacer títeres. Tanya compró 6 yardas de fieltro. Cada yarda de fieltro cuesta lo mismo. ¿Cuánto gastaron las niñas en total?

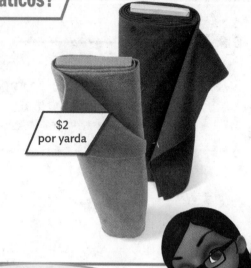

$2
por yarda

¿Qué necesito usar de matemáticas para resolver este problema?

Necesito mostrar lo que sé y, luego, escoger las operaciones que sean necesarias.

B

¿Cómo puedo representar con modelos matemáticos?

Puedo

- usar lo que sé de matemáticas para resolver el problema.

- hallar y responder a preguntas escondidas.

- usar diagramas y ecuaciones para representar y resolver este problema.

C

Este es mi razonamiento...

Usaré diagramas de barras y ecuaciones.

La pregunta escondida es: ¿Cuántas yardas de fieltro compraron las niñas?

? yardas

2 yardas	6 yardas

$2 + 6 = ?$

$2 + 6 = 8$. Las niñas compraron 8 yardas de fieltro. Por tanto, necesito hallar el costo de 8 yardas a $2 por yarda.

? costo total

$2	$2	$2	$2	$2	$2	$2	$2

$8 \times \$2 = ?$

$8 \times \$2 = \$16$. Las niñas gastaron $16.

¡Convénceme! **Representar con modelos matemáticos** Usa estas rectas numéricas para mostrar otra manera de representar el problema anterior.

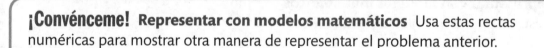

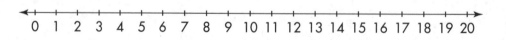

☆Práctica guiada

Representar con modelos matemáticos

Un paquete de chicles contiene 5 chicles. Pablo tenía 7 paquetes de chicles, pero se le perdieron 2 chicles. ¿Cuántos chicles tiene Pablo ahora?

> Representa con modelos matemáticos. Puedes representar y resolver cada paso en un problema de dos pasos.

1. ¿Cuál es la pregunta escondida que necesitas responder antes de que puedas resolver el problema?

2. Resuelve el problema. Completa los diagramas de barras. Muestra las ecuaciones que usaste.

Un paquete ⬜

Los paquetes de Pablo ⬜⬜⬜⬜⬜⬜⬜

⎣_____ ? chicles _____⎦

_____ chicles

⬜⬜⬜⬜⬜⬜ ? ⬜

☆Práctica independiente☆

Representar con modelos matemáticos

Julia compró 4 boletos. Alicia compró 5 boletos. Los boletos cuestan $2 cada uno. ¿Cuánto gastaron las niñas en total en los boletos?

3. ¿Cuál es la pregunta escondida que necesitas responder antes de que puedas resolver el problema?

4. Resuelve el problema. Completa los diagramas de barras. Muestra las ecuaciones que usaste.

5. ¿Cómo cambiarían las ecuaciones si Alicia compra solo 3 boletos? Explícalo.

En la cafetería

David y Juan están comprando café para sus amigos. David compra 10 cafés grandes. Juan compra 4 cafés grandes menos que David. Juan paga su compra con un billete de $50. Juan quiere saber cuánto gastó en café.

Precios del café	
Taza	**Costo**
Pequeña	$2
Mediana	$4
Grande	$5

DATOS

6. **Entender y perseverar** ¿Cuál es un buen plan para hallar cuánto gastó Juan en café?

7. **Representar con modelos matemáticos** Halla cuánto gastó Juan en café. Completa los diagramas de barras. Muestra las ecuaciones que usaste.

8. **Evaluar el razonamiento** Jaime dice que la ecuación $0 \times \$2 = \$0$ muestra cuánto gastó Juan en tazas de café pequeñas. ¿Tiene razón? Explícalo.

9. **Razonar** ¿Tendrá David suficiente dinero si paga su compra con un billete de $20? Explícalo.

 Representa con modelos matemáticos. Piensa en lo que sabes de matemáticas para resolver el problema.

Nombre _____

Trabaja con un compañero. Necesitas papel y lápiz. Cada uno escoge un color *diferente*: celeste o azul.

El compañero 1 y el compañero 2 apuntan a uno de los números negros al mismo tiempo. Ambos suman esos números.

Si la respuesta está en el color que escogiste, puedes anotar una marca de conteo. Sigan la actividad hasta que uno de los compañeros tenga siete marcas de conteo.

Puedo...
sumar hasta 100.

También puedo construir argumentos matemáticos.

Compañero 1					Compañero 2
55	80	54	94	36	13
23	62	25	41	57	45
37	76	30	100	82	39
12	86	50	73	68	26
41	49	67	38	63	18
	59	81	55	51	

Marcas de conteo del compañero 1	Marcas de conteo del compañero 2

Repaso del vocabulario

Glosario

Lista de palabras

- diagrama de barras
- factor
- multiplicación
- múltiplos
- producto
- propiedad de identidad (o del uno) de la multiplicación
- propiedad del cero de la multiplicación

Comprender el vocabulario

Encierra en un círculo todas las respuestas correctas.

1. Encierra en un círculo cada número que es un *producto*.

$4 \times 6 = 24$ $7 \times 3 = 21$ $8 \div 4 = 2$

2. Encierra en un círculo cada ejemplo de la *propiedad de identidad de la multiplicación*.

$2 \times 2 = 4$ $5 \times 0 = 0$ $1 \times 6 = 6$

3. Encierra en un círculo cada ejemplo de la *propiedad del cero de la multiplicación*.

$1 \times 0 = 0$ $0 \times 9 = 0$ $2 \times 5 = 10$

4. Encierra en un círculo cada ecuación que muestra una *multiplicación*.

$5 + 6 = 11$ $4 \times 4 = 16$ $17 - 12 = 5$ $16 \div 2 = 8$

5. Cuenta de 9 en 9. Encierra en un círculo cada número que es un *múltiplo* de 9.

16   9   28   27   19   36   18   39

Escribe *V* si el enunciado es *verdadero* o *F* si es *falso*.

6. Cuenta de 4 en 4. El número 14 es un *múltiplo* de 4.

7. La *propiedad de identidad de la multiplicación* dice que cualquier número *multiplicado* por 1 es igual a ese número.

8. Se puede usar un *diagrama* de *barras* para mostrar 3×6.

Usar el vocabulario al escribir

9. Explica cómo puedes hallar el producto de 4×2 y el producto de 8×2. Usa por lo menos 3 términos de la Lista de palabras en tu explicación.

Nombre _____

Grupo A | páginas 41 a 44 _____

Halla 6 × 2.

Cuenta salteado. Dibuja 6 flechas curvas en una recta numérica. Cada flecha debe tener 2 unidades de ancho.

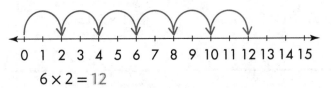

0 1 2 3 4 5 6 7 8 9 10 11 12 13 14 15

6 × 2 = 12

Halla 6 × 5.

Usa un patrón. Cuenta de cinco en cinco. El sexto número del patrón es el producto.

5, 10, 15, 20, 25, 30

6 × 5 = 30

Recuerda que los múltiplos de 2 terminan en 0, 2, 4, 6 u 8. Los múltiplos de 5 terminan en 0 o 5.

1. 2 × 3 = _____   **2.** 5 × 3 = _____

3. 5 × 5 = _____   **4.** 2 × 6 = _____

5. 8 × 2 = _____   **6.** 7 × 5 = _____

7.   2
   × 2

8.   7
   × 2

9.   8
   × 5

10.   9
   × 5

Grupo B | páginas 45 a 48 _____

Halla 9 × 4.

Haz una lista con operaciones de multiplicación del 9.

9 × 1 = 9
9 × 2 = 18
9 × 3 = 27
9 × 4 = 36

Recuerda que hay patrones en los múltiplos de 9.

1. 9 × 5 = _____   **2.** 9 × 7 = _____

3. 6 × 9 = _____   **4.** 8 × 9 = _____

5. 9 × 9 = _____   **6.** 9 × 0 = _____

Grupo C | páginas 49 a 52 _____

Halla 0 × 7.

Propiedad del cero de la multiplicación: Cuando multiplicas un número por 0, el producto es 0.

0 × 7 = 0

Halla 1 × 7.

Propiedad de identidad (o del uno) de la multiplicación: Cuando multiplicas un número por 1, el producto es ese número.

1 × 7 = 7

Recuerda que el producto de 0 y cualquier otro número es 0. Cuando multiplicas un número por 1, el producto es ese mismo número.

1. 0 × 4 = _____   **2.** 1 × 9 = _____

3. 0 × 9 = _____   **4.** 1 × 6 = _____

5. 10 × 0 = _____   **6.** 9 × 0 = _____

7. 3 × 1 = _____   **8.** 8 × 1 = _____

9. 0 × 2 = _____   **10.** 1 × 0 = _____

Grupo D páginas 53 a 56

Halla 6 × 10.

> Puedes usar patrones para hallar múltiplos de 10.

6 × 10 es 6 grupos de 10.

6 × 10 = 60

Recuerda que puedes usar el valor de posición o una recta numérica para hallar múltiplos de diez.

1. 10 × 7 = _____

2. 10 × 10 = _____

3. 3 × 10 = _____

4. 9 × 10 = _____

5. 10 × 0 = _____

6. 1 × 10 = _____

Grupo E páginas 57 a 60

Halla 5 × 10.

Hay muchos patrones y propiedades que puedes usar para multiplicar.

Cuenta salteado con operaciones del 5:
5, 10, 15, 20, 25, 30, 35, 40, 45, 50

Usa un patrón de valor de posición con operaciones del 10:
10 veces 5 es 50

El producto es el mismo:
5 × 10 = 50

Recuerda que puedes usar la propiedad conmutativa de la multiplicación para multiplicar 2 factores en cualquier orden.

1. 5 × 9 = _____

2. 0 × 6 = _____

3. 10 × 3 = _____

4. 8 × 1 = _____

5. 7 × 2 = _____

6. 9 × 6 = _____

7. 2 × 5 = _____

8. 4 × 5 = _____

Grupo F páginas 61 a 64

Piensa en estas preguntas para ayudarte a **representar con modelos matemáticos**.

Hábitos de razonamiento

- ¿Cómo puedo usar lo que sé de matemáticas para resolver el problema?
- ¿Cómo puedo usar dibujos, objetos y ecuaciones para representar el problema?
- ¿Cómo puedo usar números, palabras y símbolos para resolver este problema?

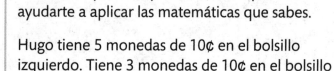

Recuerda que las representaciones pueden ayudarte a aplicar las matemáticas que sabes.

Hugo tiene 5 monedas de 10¢ en el bolsillo izquierdo. Tiene 3 monedas de 10¢ en el bolsillo derecho. ¿Cuánto dinero tiene Hugo?

1. Dibuja un diagrama de barras como ayuda para responder a la pregunta escondida.

2. Dibuja un diagrama de barras como ayuda para responder a la pregunta principal.

Nombre _____

1. Un edificio tiene 9 filas de buzones. Hay 6 buzones en cada fila. Escribe y resuelve una ecuación para hallar la cantidad total de buzones.

2. Los boletos para un espectáculo de malabarismo cuestan $2 por cada niño. Tres niños van a ver el espectáculo. ¿Cuánto cuestan en total los boletos?

A. Dibuja un diagrama de barras y escribe una ecuación para resolver el problema.

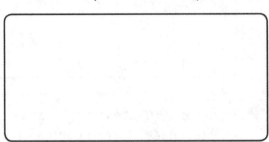

B. ¿Cuál es el costo total de los boletos de los niños?

3. Cindy respondió correctamente 9 preguntas del examen. Cada pregunta vale 4 puntos. Escribió la expresión 9 × 4 para representar cuántos puntos obtuvo en total. ¿Qué expresión es igual a 9 × 4?

Ⓐ 9 × 5

Ⓑ 5 × 4

Ⓒ 4 × 9

Ⓓ 4 × 6

4. Harry le dijo a Arthur que horneó 35 galletas en una bandeja. ¿Qué oración podría usar Arthur para describir cuántas galletas se hornearon?

Ⓐ Harry horneó 7 filas de 6 galletas.

Ⓑ Harry horneó 5 filas de 5 galletas.

Ⓒ Harry horneó 7 filas de 7 galletas.

Ⓓ Harry horneó 7 filas de 5 galletas.

5. Alex tiene 8 monedas de 10¢ en el bolsillo. Escribe una expresión para representar cuántos centavos tiene Alex en el bolsillo. ¿Cuánto dinero tiene?

6. ¿Qué número completa la ecuación? Selecciona todos los que apliquen.

_____ × 0 = 0

☐ 0   ☐ 9

☐ 2   ☐ 10

☐ 5

7. Benjamín dice que para cualquier número entre 1 y 9 multiplicado por 5, el producto siempre tiene 0 o 5 en el lugar de las unidades. ¿Es esto razonable? Explícalo.

8. Gaby tiene 5 jaulas de pájaros. Hay 5 pájaros en cada jaula. ¿Cuántos pájaros tiene Gaby? Usa un diagrama de barras para representar el problema.

9. En un grupo de bloques hay 4 colores que forman un patrón. El patrón se repite 10 veces. Escribe y resuelve una ecuación para hallar la cantidad de bloques.

10. Zach ordena sus monedas de 25¢ en 6 filas y 5 columnas. David ordena las suyas en 5 filas y 6 columnas. ¿Quién tiene más monedas de 25¢? Explícalo.

11. Usa la expresión 10 × ? donde ? representa un factor entre 1 y 9. ¿Qué es verdadero acerca del dígito de las unidades de cada producto? Explícalo.

12. Dora tiene 2 plátanos. Corta cada plátano en 8 rebanadas. Escribe y resuelve una ecuación para hallar la cantidad de rebanadas de plátano que tiene Dora.

13. Isabel tiene $45 para comprar camisas. Todas las camisas de la tienda están en oferta a $5 cada una. ¿Cuántas camisas puede comprar Isabel? Explica cómo hallaste la respuesta.

Venta de tarjetas

Un equipo de fútbol vende cajas de tarjetas para recaudar fondos. Hay cajas de tarjetas pequeñas, medianas y grandes. El equipo gana una cantidad diferente por cada tipo de tarjeta.

Cajas vendidas

• El lunes, Will vendió 4 cajas de tarjetas grandes.
• El miércoles, María vendió 6 cajas de tarjetas pequeñas y 3 cajas de tarjetas grandes.

Para **1** y **2**, usa la tabla de **Venta de cajas de tarjetas** y la lista de **Cajas vendidas**.

1. ¿Cuánto dinero ganó Will? Escribe una ecuación de multiplicación para resolverlo.

Venta de cajas de tarjetas	
Tipo de tarjeta	Cantidad ganada por caja
Caja de tarjetas pequeñas	$1
Caja de tarjetas medianas	$2
Caja de tarjetas grandes	$5

2. Completa la tabla para hallar la cantidad que María ganó por cada tipo de tarjeta.

Tipo de tarjeta	Cantidad de cajas vendidas	Cantidad ganada por caja	Cantidad total ganada
pequeña			
mediana			
grande			

Para **3**, usa la tabla de **Venta de cajas de tarjetas**.

3. Durante 7 días Logan vendió una caja de tarjetas medianas por día. ¿Cuánto ganó Logan? Escribe una representación del problema.

Cajas compradas

• La Sra. Carlson compra 1 caja de tarjetas medianas.
• El Sr. Choi compra 6 cajas de tarjetas pequeñas.
• La Sra. Willis compra 7 cajas de tarjetas medianas y
  9 cajas de tarjetas grandes.

Para **4** a **6**, usa la tabla de **Tarjetas por caja** y la lista de
Cajas compradas.

4. **Parte A**

   ¿Cúantas tarjetas compra el Sr. Choi?

Tarjetas por caja	
Tipo de tarjeta	**Cantidad de tarjetas**
Caja de tarjetas pequeñas	5
Caja de tarjetas medianas	9
Caja de tarjetas grandes	10

   Parte B

   ¿De qué otra manera puede comprar el
   Sr. Choi la misma cantidad de tarjetas?

5. ¿Hay otra manera para que la Sra. Carlson compre
   la misma cantidad de tarjetas? Explícalo.

6. Completa la tabla para hallar la cantidad de tarjetas
   que la Sra. Willis compra de cada tipo de tarjeta.

Tipo de tarjeta	Cantidad de cajas compradas	Cantidad de tarjetas por caja	Cantidad total de tarjetas
pequeña			
mediana			
grande			

Usar propiedades: Operaciones de multiplicación con 3, 4, 6, 7, 8

Pregunta esencial: ¿Cómo puedes usar operaciones de multiplicación conocidas para resolver operaciones desconocidas?

Proyecto de ⦿ënVision° STEM: Características heredadas

Investigar Algunas características de los organismos son heredadas. Las características se transmiten de generación en generación. En las flores, una característica heredada es el color. Usa la Internet u otras fuentes para hacer una lista de otras características que las flores heredan de las plantas progenitoras.

Diario: Escribir un informe Incluye lo que averiguaste. En tu informe, también:

* compara tu lista con las listas de características hechas por otros estudiantes de tu clase. Si hay características que no están en tu lista, añádelas.

* dibuja flores o animales con características similares en una matriz. Muestra cómo puedes descomponer la matriz y usar operaciones de multiplicación para hallar la cantidad.

⭐Repasa lo que sabes⭐

A-Z Vocabulario

Escoge el mejor término del recuadro y escríbelo en el espacio en blanco.

- contar salteado
- propiedad conmutativa (o de orden) de la multiplicación
- propiedad de identidad (o del uno) de la multiplicación
- propiedad del cero en la multiplicación

1. Según la _____, el producto de cualquier número y cero es cero.

2. Según la _____, el producto de cualquier número y 1 es ese número.

3. Según la _____, puedes multiplicar los factores en cualquier orden y el producto será el mismo.

Multiplicar

Usa la multiplicación para resolver.

4. $10 \times 1 =$ _____

5. $2 \times 10 =$ _____

6. $0 \times 5 =$ _____

7. $9 \times 5 =$ _____

8. $2 \times 7 =$ _____

9. $1 \times 8 =$ _____

10. $5 \times 7 = ?$

Ⓐ $7 + 5$ 　　 Ⓑ $5 + 7$ 　　 Ⓒ 7×5 　　 Ⓓ $7 \div 5$

Sumar números de dos dígitos

Halla las sumas.

11. $16 + 12 =$ _____

12. $21 + 14 =$ _____

13. $24 + 12 =$ _____

Matrices

14. ¿Cómo puedes representar 3×6 usando una matriz? Dibuja una matriz y explica cómo usarla para hallar el producto.

Nombre _____

Escoge un proyecto

PROYECTO 3A

¿Cuántos puntos puedes marcar?

Proyecto: Haz una representación de datos de básquetbol

PROYECTO 3B

¿Te gusta coleccionar caracoles?

Proyecto: Dibuja una matriz de caracoles

PROYECTO 3C

¿Te gustaría ser candidato a presidente?

Proyecto: Escribe un informe presidencial

Representación matemática

Video

Estudiantes sedientos

Antes de ver el video, piensa:

Se requiere casi la misma cantidad de energía para reciclar 20 latas que para hacer 1 lata nueva. En los Estados Unidos, se fabrican cerca de 100 mil millones de latas por año. No importa cuántas latas uses, el reciclaje del aluminio es un paso final importante.

Puedo...
representar con modelos matemáticos para resolver un problema que use las operaciones de multiplicación y el cálculo.

Nombre _____

Resuélvelo y coméntalo Halla dos maneras de descomponer la siguiente matriz en dos matrices más pequeñas. ¿Qué ecuación de multiplicación puedes escribir para cada matriz? ¿Cuál es el total? Indica cómo lo decidiste.

Puedo... descomponer operaciones desconocidas en operaciones conocidas y resolver problemas de multiplicación.

También puedo hacer mi trabajo con precisión.

Puedes hacerlo con precisión. Puedes explicar el significado de tus ecuaciones.

¡Vuelve atrás! Halla la cantidad total de elementos en las dos matrices más pequeñas. Compara el total de ambas con el total de la matriz más grande. ¿Por qué los totales son iguales a pesar de que las matrices son diferentes?

Pregunta esencial

¿Cómo puedes descomponer una operación de multiplicación?

A

María quiere poner 7 filas de 4 sillas para una reunión. Quiere saber cuántas sillas necesita, pero no sabe el producto de 7×4.

> Puedes usar operaciones conocidas para ayudarte a hallar el producto de operaciones desconocidas.

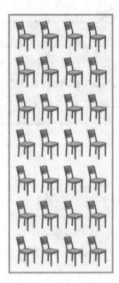

B Lo que piensas

María piensa en **7** filas de 4 sillas como **5** filas de 4 sillas y otras **2** filas de 4 sillas.

C Lo que escribes

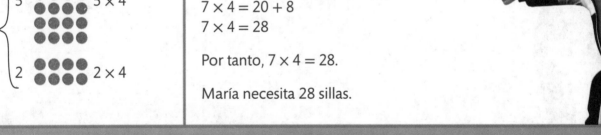
> La propiedad distributiva indica que una operación de multiplicación se puede descomponer en la suma de otras dos operaciones de multiplicación.

María conoce las dos nuevas operaciones.

$7 \times 4 = (5 \times 4) + (2 \times 4)$
$7 \times 4 = 20 + 8$
$7 \times 4 = 28$

Por tanto, $7 \times 4 = 28$.

María necesita 28 sillas.

¡Convénceme! **Usar la estructura** ¿De qué otras dos maneras podría María descomponer la matriz de 7×4? Dibuja las dos nuevas matrices y escribe las nuevas operaciones.

Práctica Herramientas Evaluación

☆Práctica guiada

¿Lo entiendes?

1. Rafael descompuso la matriz de 6×3 en dos nuevas matrices. Las dos matrices son iguales. ¿Cuáles son las dos matrices nuevas?

2. Ann descompuso una matriz grande en dos matrices más pequeñas. Las dos matrices más pequeñas son de 1×8 y 4×8. ¿Cuál es la matriz grande con la que comenzó Ann?

¿Cómo lo sabes?

Para **3** y **4**, usa las matrices más pequeñas y la propiedad distributiva para hallar los factores que faltan. Puedes usar fichas como ayuda.

3.
4×8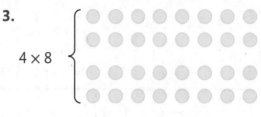

____ $\times 8 = ($____ $\times 8) + (2 \times 8)$

4.
3×5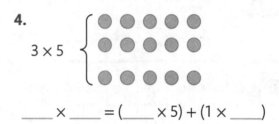

____ $\times$ ____ $= ($____ $\times 5) + (1 \times$ ____$)$

☆Práctica independiente

Para **5** y **6**, separa las filas de la matriz grande para formar dos matrices más pequeñas. Escribe las nuevas operaciones.

5.

$4 \times 5 = ($____ $\times$ ____$) + ($____ $\times$ ____$)$

6.

$5 \times 6 = ($____ $\times$ ____$) + ($____ $\times$ ____$)$

Para **7** a **10**, usa la propiedad distributiva para hallar los factores que faltan. Usa fichas y matrices como ayuda.

7. $6 \times 8 = (4 \times$ ____$) + (2 \times 8)$

8. $10 \times 3 = ($____ $\times 3) + (2 \times 3)$

9. $($____ $\times 7) = (3 \times 7) + (2 \times$ ____$)$

10. $(8 \times$ ____$) = ($____ $\times 8) + (4 \times 8)$

Resolución de problemas

11. Patricia hornea 5 pastelitos. Coloca 7 pasas dentro de cada pastelito. ¿Cuántas pasas necesita Patricia? Usa el diagrama de barras como ayuda para escribir una ecuación.

? pasas

7	7	7	7	7

12. Evaluar el razonamiento Fred quiere separar las filas de la siguiente matriz en una matriz de 2 × 4 y una matriz de 3 × 4. ¿Puede hacerlo? Explícalo.

13. Lalo usa fichas para formar una matriz de 4 × 7 y una matriz de 1 × 7. ¿De qué tamaño puede formar una matriz si usa todas las fichas?

14. Gael tenía $75 el lunes. Gastó $23 el martes y $14 el miércoles. ¿Cuánto dinero le queda?

15. (A-Z) **Vocabulario** Explica cómo puedes usar la *propiedad distributiva* para resolver 9 × 6.

16. Razonamiento de orden superior ¿Cómo puedes usar 3 × 5 = 15 como ayuda para hallar 6 × 5?

☑ **Práctica para la evaluación**

17. Según la propiedad distributiva, ¿cuáles de las siguientes expresiones son equivalentes a 7 × 7? Selecciona todas las que apliquen.

☐ (7 × 7) + (7 × 7)

☐ (5 × 7) + (2 × 7)

☐ (2 × 7) + (5 × 7)

☐ (7 × 7) + (1 × 7)

☐ (7 × 7) + (2 × 7)

18. Se muestra una ecuación. Selecciona todas las maneras en las que puedes usar la propiedad distributiva para hallar los factores que faltan.

$7 \times 3 = (\boxed{} \times 3) + (\boxed{} \times 3)$

☐ $7 \times 3 = (5 \times 3) + (2 \times 3)$

☐ $7 \times 3 = (2 \times 3) + (5 \times 3)$

☐ $7 \times 3 = (7 \times 3) + (1 \times 3)$

☐ $7 \times 3 = (1 \times 3) + (6 \times 3)$

☐ $7 \times 3 = (6 \times 3) + (1 \times 3)$

Nombre _____

☆Resuélvelo☆
y
coméntalo   Hay 3 filas de fotos en una pared. Cada fila tiene 7 fotos. ¿Cuántas fotos hay en la pared?

Puedo...
usar herramientas y propiedades de manera estratégica para resolver problemas cuando multiplico por 3 o por 4.

También puedo escoger y usar una herramienta matemática para ayudarme a resolver problemas.

Puedes usar herramientas apropiadas. Puedes dibujar matrices o formar matrices con fichas como ayuda para resolver el problema.

¡Vuelve atrás! ¿Cómo puedes usar lo que sabes sobre las operaciones de multiplicación del 1 y del 2 para resolver operaciones de multiplicación del 3?

Pregunta esencial ¿Cómo puedes descomponer matrices para multiplicar por 3?

A

El parque local guarda las canoas en 3 filas. Hay 6 canoas en cada fila. ¿Cuántas canoas hay en total?

Puedes multiplicar para hallar el total de una matriz.

B Lo que muestras

Halla 3×6.

Usa las operaciones de multiplicación del 1 y del 2 como ayuda para multiplicar por 3.

Forma una matriz para cada multiplicación.

$2 \times 6 = 12$

$1 \times 6 = 6$

$12 + 6 = 18$

C Lo que piensas

3×6 equivale a 3 filas de 6. Es decir, 2 veces seis más 1 seis.

2 veces seis es 12.
1 vez seis es 6.

$12 + 6 = 18$

$3 \times 6 = 18$

Hay 18 canoas.

¡Convénceme! **Usar la estructura** Supón que hay 3 filas con 7 canoas en cada una. ¿Cómo te puede ayudar $2 \times 7 = 14$ a hallar la cantidad total de canoas?

Otro ejemplo

Halla 4×7.

Lo que muestras

Cuatro es el doble de 2. 4×7 es el doble de 2×7.

$\left.\begin{array}{l} \bullet\bullet\bullet\bullet\bullet\bullet\bullet \\ \bullet\bullet\bullet\bullet\bullet\bullet\bullet \end{array}\right\}$ $2 \times 7 = 14$

$\left.\begin{array}{l} \bullet\bullet\bullet\bullet\bullet\bullet\bullet \\ \bullet\bullet\bullet\bullet\bullet\bullet\bullet \end{array}\right\}$ $2 \times 7 = 14$

Lo que piensas

4×7 equivale a 4 filas de 7. Eso es 2 sietes más 2 sietes. 2 sietes es igual a 14.

$14 + 14 = 28$

Por tanto, $4 \times 7 = 28$.

☆ Práctica guiada

¿Lo entiendes?

1. Además de usar operaciones de multiplicación del 2 y duplicarlas, ¿de qué otra manera puedes descomponer 4×7 usando operaciones que ya conoces?

2. Selena ordenó las plantas de su jardín en 3 filas. Puso 9 plantas en cada fila. ¿Cuántas plantas ordenó Selena?

¿Cómo hacerlo?

Para **3** a **8**, multiplica. Usa fichas o dibujos como ayuda.

3. $3 \times 10 =$ _____

4. $5 \times 4 =$ _____

5. $3 \times 8 =$ _____

6. $1 \times 4 =$ _____

7. $\begin{array}{r} 3 \\ \times 7 \\ \hline \end{array}$

8. $\begin{array}{r} 10 \\ \times 4 \\ \hline \end{array}$

☆ Práctica independiente

Práctica al nivel Para **9** a **13**, multiplica. Usa fichas o dibujos como ayuda.

9. Halla 3×4.

$\left.\begin{array}{l} \bullet\bullet\bullet\bullet \\ \bullet\bullet\bullet\bullet \end{array}\right\}$ $2 \times 4 =$ _____

$\bullet\bullet\bullet\bullet\bullet \}$ $1 \times 4 =$ _____

$8 + 4 =$ _____

Por tanto, $3 \times 4 =$ _____.

10. Halla 4×9.

$2 \times 9 =$ _____

$2 \times 9 =$ _____

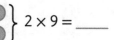

$18 + 18 =$ _____

Por tanto, $4 \times 9 =$ _____.

11. $7 \times 3 =$ _____

12. $4 \times 3 =$ _____

13. $10 \times 3 =$ _____

Resolución de problemas

14. Entender y perseverar James necesita comprar suministros para su caminata. ¿Cuántas barras de cereal debe comprar en total? Explica cómo usaste la tabla para hallar la respuesta.

15. ¿Cuántas manzanas más que jugos necesita James? Muestra cómo hallaste la respuesta.

Suministros para la caminata		
Artículo	Cantidad de paquetes necesarios	Cantidad de artículos por paquete
Manzanas	2	8
Barras de cereal	4	6
Jugos	4	3

16. Allison compró 10 paquetes de barras nutritivas. Cada paquete tiene 6 barras. Allison dice que tiene un total de 65 barras nutritivas. ¿Es razonable su respuesta? ¿Por qué?

17. Razonamiento de orden superior ¿Qué par de operaciones de multiplicación te pueden ayudar a hallar 3×9? ¿Cómo puedes usar 3×9 para hallar 9×3?

✓ Práctica para la evaluación

18. Bess tiene 6 cajas de velas. Hay 4 velas por caja. ¿Qué ecuación puede usarse para hallar la cantidad de velas que tiene Bess?

Ⓐ $(3 \times 4) + (3 \times 4) = ?$

Ⓑ $(6 \times 2) + (6 \times 6) = ?$

Ⓒ $(6 \times 2) + (3 \times 2) = ?$

Ⓓ $(2 \times 2) + (6 \times 6) = ?$

19. ¿Cuál de las siguientes opciones muestra una manera de usar la propiedad distributiva para hallar 9×3?

Ⓐ $(3 \times 2) + (3 \times 1)$

Ⓑ $(9 \times 2) + (9 \times 1)$

Ⓒ $(9 \times 2) + (3 \times 2)$

Ⓓ $(9 + 2) \times (9 + 1)$

Nombre _____

Resuélvelo y coméntalo

Los estudiantes pusieron las sillas para un concierto en 6 filas. Pusieron 6 sillas en cada fila. ¿Cuántas sillas hay en total?

Puedo...
crear y usar modelos para resolver problemas de multiplicación con el 6 y el 7 como factores.

También puedo representar con modelos matemáticos para resolver problemas.

Puedes representar con modelos matemáticos. Puedes usar dibujos, números, símbolos, signos y palabras para representar y resolver multiplicaciones.

¡Vuelve atrás! ¿Cómo te ayudan las operaciones de multiplicación del 3 a resolver operaciones de multiplicación del 6?

¿Cómo se pueden descomponer matrices para multiplicar?

A

Los músicos de la banda marchan en 6 filas iguales. Hay 8 músicos en cada fila. ¿Cuántos músicos hay en la banda?

Puedes multiplicar para hallar el total de una matriz.

B ## Lo que muestras

Halla 6 × 8.

Usa las operaciones de multiplicación del 5 y del 1.

Forma una matriz para cada multiplicación.

 $5 \times 8 = 40$

 $1 \times 8 = 8$

C ## Lo que piensas

6 × 8 equivale a 6 filas de 8. Es decir, 5 ochos y 1 ocho más.

5 ochos es 40.
8 más es 48.
$40 + 8 = 48$

Por tanto, 6 × 8 = 48.

En la banda hay 48 músicos.

¡Convénceme! **Usar la estructura** Usa una operación de multiplicación del 5 y una del 1 para hallar 6 × 9. Dibuja dos matrices. Explica tus dibujos.

Otro ejemplo

Halla 7 × 8. Usa operaciones de multiplicación del 5 y del 2 como ayuda para multiplicar por 7.

$5 \times 8 = 40$

$2 \times 8 = 16$

7 × 8 es igual a 7 filas de 8.
Es decir, 5 ochos más 2 ochos.

5 ochos es 40.
2 ochos es 16.

$40 + 16 = 56$

Por tanto, 7 × 8 = 56

Práctica guiada

¿Lo entiendes?

1. Los estudiantes que se gradúan están formados en 7 filas iguales. Hay 9 estudiantes en cada fila. ¿Cuántos estudiantes se gradúan? Usa una operación de multiplicación del 5 y una del 2.

2. Chrissy hornea 3 pasteles de cereza. Corta cada pastel en 6 porciones. ¿Cuántas porciones tiene Chrissy?

¿Cómo hacerlo?

Para **3** a **8**, multiplica. Puedes hacer dibujos o usar fichas como ayuda.

3. $6 \times 10 =$ _____   **4.** $7 \times 6 =$ _____

5. 7
     × 7

6. 9
     × 7

7. Halla 4 por 7. _____

8. Multiplica 6 por 5. _____

Práctica independiente

Para **9** a **16**, halla los productos. Puedes hacer dibujos como ayuda.

9. 5
     × 7

10. 3
      × 6

11. 7
      × 8

12. 1
      × 7

13. 10
      × 6

14. 4
      × 7

15. 7
      × 3

16. 8
      × 6

Resolución de problemas

17. El Museo Nacional de Trenes de Juguete tiene 5 exhibiciones. En una de ellas, los trenes están en 5 vías. ¿Cuántos trenes hay en esa exhibición? Escribe una ecuación para resolver el problema.

Las ecuaciones te pueden ayudar a describir una situación.

6 trenes en cada vía

18. Tracy usó la superficie plana de un cubo para dibujar una figura plana. ¿Qué figura plana dibujó Tracy? ¿Cómo lo sabes?

19. El equipo de danza se forma en 4 filas de 6 bailarines cada una. ¿Cuántos bailarines hay en el equipo de danza?

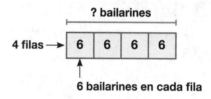

? bailarines

4 filas → | 6 | 6 | 6 | 6 |

6 bailarines en cada fila

20. Razonamiento de orden superior
Margo dice que 7×0 es igual a $7 + 0$ ¿Tiene razón? ¿Por qué?

21. Usar la estructura Hay 7 filas de 10 asientos. ¿Cómo puedes usar la propiedad distributiva para hallar la cantidad total de asientos?

✅ Práctica para la evaluación

22. Selecciona números para crear una expresión que sea equivalente a 7×8.

| 1 | 2 | 3 | 5 | 7 | 8 |

$7 \times 8 = (\boxed{} \times 8) + (\boxed{} \times 8)$

23. Selecciona números para crear una expresión que sea equivalente a 8×6.

| 1 | 3 | 5 | 6 | 8 | 9 |

$8 \times 6 = (\boxed{} \times 6) + (\boxed{} \times 6)$

Nombre _____

Resuélvelo
y
coméntalo

Hay 8 filas de premios. Hay 6 premios en cada fila. ¿Cuántos premios hay?

Puedo...
usar operaciones conocidas y propiedades para multiplicar por 8.

También puedo entender bien los problemas.

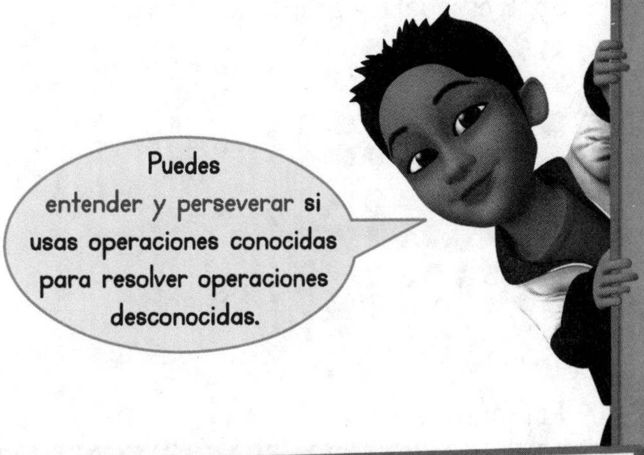

Puedes entender y perseverar si usas operaciones conocidas para resolver operaciones desconocidas.

¡Vuelve atrás! Di cómo puedes usar operaciones de multiplicación del 2, del 3 o del 4 para resolver el problema.

Aprendizaje visual   A-Z Glosario

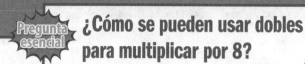

Pregunta esencial ¿Cómo se pueden usar dobles para multiplicar por 8?

A

En la feria escolar, los estudiantes tratan de meter una pelota de ping-pong en una pecera. Hay 8 filas de peceras. Hay 8 peceras en cada fila. ¿Cuántas peceras hay?

¿Qué operaciones de multiplicación del 2 y del 4 puedes hallar en la matriz de peceras?

B Una manera

Usa operaciones de multiplicación del 2 para hallar 8 × 8.

8 × 8 es igual a 4 grupos de 2 ochos.

$$\left.\begin{array}{l}\bullet\bullet\bullet\bullet\bullet\bullet\bullet\bullet\\\bullet\bullet\bullet\bullet\bullet\bullet\bullet\bullet\end{array}\right\}\ 2 \times 8 = 16$$

$$\left.\begin{array}{l}\bullet\bullet\bullet\bullet\bullet\bullet\bullet\bullet\\\bullet\bullet\bullet\bullet\bullet\bullet\bullet\bullet\end{array}\right\}\ 2 \times 8 = 16$$

$$\left.\begin{array}{l}\bullet\bullet\bullet\bullet\bullet\bullet\bullet\bullet\\\bullet\bullet\bullet\bullet\bullet\bullet\bullet\bullet\end{array}\right\}\ 2 \times 8 = 16$$

$$\left.\begin{array}{l}\bullet\bullet\bullet\bullet\bullet\bullet\bullet\bullet\\\bullet\bullet\bullet\bullet\bullet\bullet\bullet\bullet\end{array}\right\}\ 2 \times 8 = 16$$

16 + 16 + 16 + 16 = 64

Por tanto, 8 × 8 = 64.

C Otra manera

Duplica una operación de multiplicación del 4 para hallar 8 × 8.

8 × 8 es igual a 4 ochos más 4 ochos.

$$\left.\begin{array}{l}\bullet\bullet\bullet\bullet\bullet\bullet\bullet\bullet\\\bullet\bullet\bullet\bullet\bullet\bullet\bullet\bullet\\\bullet\bullet\bullet\bullet\bullet\bullet\bullet\bullet\\\bullet\bullet\bullet\bullet\bullet\bullet\bullet\bullet\end{array}\right\}\ 4 \times 8 = 32$$

$$\left.\begin{array}{l}\bullet\bullet\bullet\bullet\bullet\bullet\bullet\bullet\\\bullet\bullet\bullet\bullet\bullet\bullet\bullet\bullet\\\bullet\bullet\bullet\bullet\bullet\bullet\bullet\bullet\\\bullet\bullet\bullet\bullet\bullet\bullet\bullet\bullet\end{array}\right\}\ 4 \times 8 = 32$$

32 + 32 = 64

Por tanto, 8 × 8 = 64.

¡Convénceme! **Usar la estructura** ¿De qué te sirve saber que 5 × 8 = 40 para hallar 8 × 8?

---

90   **Tema 3** | Lección 3-4

Nombre _____

☆Práctica guiada

¿Lo entiendes?

1. Multiplica 8 por 3. Escribe una ecuación de multiplicación y resuélvela.

2. Multiplica 5 por 8. Escribe una ecuación de multiplicación y resuélvela.

3. Multiplica 8 por 1. Escribe una ecuación de multiplicación y resuélvela.

¿Cómo hacerlo?

Para **4** a **9**, multiplica. Puedes hacer dibujos o usar fichas como ayuda.

4. $8 \times 7 =$ _____

5. $8 \times 4 =$ _____

6. $6 \times 8 =$ _____

7. $10 \times 8 =$ _____

8. $\begin{array}{r} 9 \\ \times 8 \\ \hline \end{array}$ **9.** $\begin{array}{r} 8 \\ \times 3 \\ \hline \end{array}$

☆Práctica independiente

Para **10** a **23**, halla los productos. Puedes hacer dibujos como ayuda.

10. $8 \times 4 =$ _____   **11.** $1 \times 8 =$ _____   **12.** $2 \times 8 =$ _____

13. $5 \times 8 =$ _____   **14.** $8 \times 2 =$ _____   **15.** $8 \times 6 =$ _____

16. $\begin{array}{r} 8 \\ \times 8 \\ \hline \end{array}$ **17.** $\begin{array}{r} 8 \\ \times 5 \\ \hline \end{array}$ **18.** $\begin{array}{r} 0 \\ \times 8 \\ \hline \end{array}$ **19.** $\begin{array}{r} 4 \\ \times 8 \\ \hline \end{array}$

20. $\begin{array}{r} 10 \\ \times 8 \\ \hline \end{array}$ **21.** $\begin{array}{r} 8 \\ \times 1 \\ \hline \end{array}$ **22.** $\begin{array}{r} 3 \\ \times 8 \\ \hline \end{array}$ **23.** $\begin{array}{r} 7 \\ \times 8 \\ \hline \end{array}$

Resolución de problemas

24. Usar la estructura Ming compró 8 cinturones para regalar. ¿Cuánto dinero gastó Ming? Muestra cómo puedes usar una operación de multiplicación del 4 para hallar la respuesta.

25. Vilma compró una camisa y un suéter. Le sobraron $14. ¿Cuánto dinero tenía Vilma antes de hacer la compra? ¿Cómo lo sabes?

Gran venta de ropa

DATOS		
Camisa	:	$23
Cinturón	:	$9
Suéter	:	$38
Par de *jeans*	:	$42

26. El Sr. Garner gastó $52 en comestibles y $24 en combustible. ¿Cuánto gastó el Sr. Garner? Escribe una ecuación y resuélvela.

?	
$52	$24

27. Álgebra Milton compró 7 cajas de azulejos anaranjados. Hay 8 azulejos en cada caja. ¿Cuántos azulejos compró Milton? Escribe una ecuación y resuélvela. Usa ? para representar la cantidad desconocida de azulejos.

28. Aaron compró 6 paquetes de tarjetas deportivas. Hay 7 tarjetas en cada paquete. ¿Cuántas tarjetas compró Aaron en total? Usa propiedades para resolver el problema.

29. Razonamiento de orden superior Sofi dice: "Para hallar 8×8, puedo hallar $8 \times (4 + 4)$". ¿Estás de acuerdo? Explícalo.

☑ Práctica para la evaluación

30. La Srta. Vero tiene cajas de crayones. Cada caja tiene 8 crayones. Selecciona todas las ecuaciones correctas que podrían mostrar la cantidad de crayones que tiene la Srta. Vero.

- ☐ $8 \times 8 = 64$
- ☐ $4 \times 8 = 32$
- ☐ $2 \times 8 = 15$
- ☐ $3 \times 8 = 24$
- ☐ $6 \times 8 = 84$

31. Selecciona todas las expresiones que podrían usarse para hallar 8×7.

- ☐ $(4 \times 7) + (4 \times 7)$
- ☐ $(4 \times 6) + (4 \times 1)$
- ☐ $(4 \times 5) + (4 \times 2)$
- ☐ $(8 \times 5) + (8 \times 2)$
- ☐ $(2 \times 7) + (2 \times 7) + (2 \times 7) + (2 \times 7)$

Nombre _____

Resuélvelo y coméntalo

Josué tiene 7 hieleras. Cada hielera contiene 8 botellas de agua. ¿Cuántas botellas de agua tiene Josué en total?

Puedo...
usar estrategias y herramientas para representar y resolver operaciones de multiplicación.

También puedo representar con modelos matemáticos para resolver problemas.

Puedes representar con modelos matemáticos. Puedes usar dibujos, objetos, palabras, números, signos y símbolos para representar y resolver el problema.

¡Vuelve atrás! Ahora Josué tiene 8 hieleras con 7 botellas de agua en cada una. ¿Cambia esto el total de botellas de agua que tiene Josué? Explica por qué.

Pregunta esencial

¿Cómo usas las estrategias para multiplicar?

A

Juana y Dolores construyeron una carroza de un dragón para un desfile. Conectaron 9 secciones iguales para formar el cuerpo del dragón. ¿Cuál es la longitud total en pies del cuerpo del dragón?

El cuerpo del dragón está formado por secciones iguales. Por tanto, puedes multiplicar para hallar la longitud.

Cada sección mide 3 pies de longitud.

B ## Una manera

Haz un dibujo para hallar 9 × 3.

9 × 3 significa 9 grupos de 3. Combina los grupos para hallar el producto.

La longitud del cuerpo del dragón

?

| 3 | 3 | 3 | 3 | 3 | 3 | 3 | 3 | 3 |

↑
3 pies en cada sección

9 × 3 = 27

El cuerpo del dragón mide 27 pies de longitud.

C ## Otra manera

Usa operaciones conocidas para hallar 9 × 3.

Usa operaciones de multiplicación del 4 y del 5 como ayuda.

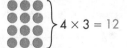 4 × 3 = 12

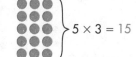 5 × 3 = 15

12 + 15 = 27

El cuerpo del dragón mide 27 pies de longitud.

¡Convénceme! **Entender y perseverar** ¿Qué otras dos operaciones puedes usar para hallar 9 × 3? Explícalo.

Nombre _____

☆Práctica guiada

¿Lo entiendes?

1. ¿Qué operaciones conocidas puedes usar para hallar 7 × 5?

2. Para hallar 8 × 6, ¿cómo te puede ayudar saber que 6 × 6 = 36?

¿Cómo hacerlo?

Para **3** a **8**, multiplica.

3. $3 \times 7 =$ _____   **4.** $6 \times 5 =$ _____

5. $9 \times 4 =$ _____   **6.** $3 \times 0 =$ _____

7. $\begin{array}{r} 1 \\ \times\ 7 \\ \hline \end{array}$ **8.** $\begin{array}{r} 10 \\ \times\ 8 \\ \hline \end{array}$

☆Práctica independiente☆

Para **9** a **25**, usa operaciones conocidas y estrategias para hallar los productos.

9. $7 \times 7 =$ _____   **10.** $8 \times 2 =$ _____   **11.** $3 \times 10 =$ _____

12. _____ $= 8 \times 9$ **13.** _____ $= 4 \times 6$ **14.** _____ $= 4 \times 4$

15. $\begin{array}{r} 10 \\ \times\ 7 \\ \hline \end{array}$ **16.** $\begin{array}{r} 2 \\ \times 6 \\ \hline \end{array}$ **17.** $\begin{array}{r} 1 \\ \times 3 \\ \hline \end{array}$ **18.** $\begin{array}{r} 2 \\ \times 7 \\ \hline \end{array}$

19. $\begin{array}{r} 8 \\ \times 0 \\ \hline \end{array}$ **20.** $\begin{array}{r} 10 \\ \times\ 6 \\ \hline \end{array}$ **21.** $\begin{array}{r} 4 \\ \times 7 \\ \hline \end{array}$ **22.** $\begin{array}{r} 8 \\ \times 9 \\ \hline \end{array}$

23. ¿Cuánto es 6 × 9? _____   **24.** ¿Cuánto es 7 × 2? _____   **25.** ¿Cuánto es 8 × 1? _____

Resolución de problemas

26. Razonar El Sr. Ling camina 5 millas todos los días. ¿Cuántas millas camina en total en una semana? Explícalo.

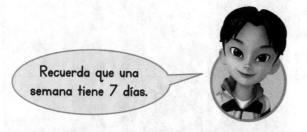

Recuerda que una semana tiene 7 días.

27. David quiere comprar unos zapatos y un suéter nuevos. Los zapatos cuestan $56. El suéter cuesta $42. ¿Cuánto dinero necesita David para comprar ambos artículos?

?	
$56	$42

28. La Srta. Wilson bebió tres tazas de té de 8 onzas antes de almorzar. Después, bebió tres vasos de agua de 8 onzas antes de cenar. ¿Cuántas onzas de líquido bebió en total? Escribe una ecuación como ayuda para resolverlo.

29. Razonamiento de orden superior Muestra cómo puedes usar operaciones conocidas para hallar 4×11. Explica cómo escogiste las operaciones conocidas.

30. El Sr. Evans tiene que asignar 32 estudiantes a 8 grupos iguales. Él dice: "Puedo usar la resta repetida. Como resto 3 veces, cada grupo tiene 3 estudiantes". ¿Estás de acuerdo con el Sr. Evans? Explica por qué.

$32 - 16 = 16$
$16 - 8 = 8$
$8 - 8 = 0$

✓ Práctica para la evaluación

31. Selecciona todas las maneras posibles de representar 20 fichas en grupos iguales.

- ☐ 2 grupos de 10
- ☐ 4 grupos de 5
- ☐ 5 grupos de 4
- ☐ 4 grupos de 6
- ☐ 10 grupos de 2

32. Selecciona todas las maneras posibles de representar 24 fichas en una matriz.

- ☐ 8 filas de 4
- ☐ 3 filas de 6
- ☐ 6 filas de 4
- ☐ 3 filas de 8
- ☐ 2 filas de 9

Nombre _____

Resuélvelo y coméntalo

Gina tiene 2 colchas de retazos. Cada colcha tiene 5 filas con 3 cuadrados en cada fila. ¿Cuántos cuadrados hay en las dos colchas? Resuelve este problema de la manera que prefieras. Luego, halla otra manera de resolver el problema.

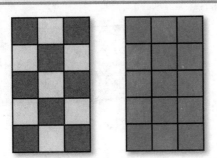

Puedo...
multiplicar 3 factores en cualquier orden para hallar el producto.

También puedo entender bien los problemas.

Puedes entender y perseverar para resolver problemas. Puedes resolver este problema de más de una manera.

¡Vuelve atrás! ¿Obtuviste una respuesta diferente cuando resolviste el problema de una manera diferente? Explica por qué.

Pregunta esencial ¿Cómo se pueden multiplicar 3 números?

A

Derek está uniendo 3 partes de una colcha de retazos. Cada parte tiene 2 filas con 4 cuadrados en cada fila. ¿Cuántos cuadrados hay en las 3 partes? Halla $3 \times 2 \times 4$.

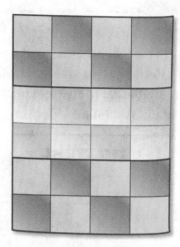

Puedes multiplicar para hallar el total de una matriz.

B **Una manera**

Primero, halla 3×2.

$(3 \times 2) \times 4$

$\downarrow$

$6 \quad \times 4 = 24$

6 filas, 4 cuadrados en cada fila.

Hay 24 cuadrados en total.

C **Otra manera**

Primero, halla 2×4.

$3 \times (2 \times 4)$

$\downarrow$

$3 \times \quad 8 = 24$

3 partes, 8 cuadrados en cada parte

Hay 24 cuadrados en la colcha de retazos de Derek.

La propiedad asociativa (o de agrupación) de la multiplicación indica que puedes cambiar la agrupación de los factores y el producto será el mismo.

¡Convénceme! **Generalizar** Usa la propiedad asociativa de la multiplicación para mostrar dos maneras de hallar $5 \times 2 \times 3$. ¿Obtuviste la misma respuesta de las dos maneras? ¿Qué generalización puedes hacer?

☆ Práctica guiada

¿Lo entiendes?

1. Sarah tiene 4 páginas de calcomanías en un álbum. Cada página tiene 3 filas con 2 calcomanías en cada fila. ¿Cuántas calcomanías hay en el álbum de Sarah? Puedes usar objetos como ayuda.

2. Billy llegó a la conclusión de que el producto de $(2 \times 3) \times 5$ no es igual al producto de $2 \times (3 \times 5)$. ¿Tiene razón Billy? Explícalo.

¿Cómo hacerlo?

Para **3** a **6**, usa la propiedad asociativa de la multiplicación para hallar el número que falta. Puedes usar objetos o hacer un dibujo como ayuda.

3. $2 \times (4 \times 2) = (2 \times 4) \times$ _____

4. $(3 \times 4) \times 3 = 3 \times ($ _____ $\times 3)$

5. $2 \times (2 \times 3) = (2 \times 2) \times$ _____

6. $(3 \times 2) \times 4 =$ _____ $\times (2 \times 4)$

☆ Práctica independiente

Para **7** a **12**, usa la propiedad asociativa de la multiplicación para hallar el número que falta. Puedes usar objetos o hacer un dibujo como ayuda.

7. $8 \times (3 \times 6) = (8 \times 3) \times$ _____

8. $5 \times (6 \times 9) = (5 \times 6) \times$ _____

9. $5 \times (7 \times 2) = (5 \times 7) \times$ _____

10. $5 \times (2 \times 9) = (5 \times$ _____ $) \times 9$

11. $3 \times (2 \times 5) = (3 \times 2) \times$ _____

12. $4 \times (2 \times 2) = (4 \times$ _____ $) \times 2$

Para **13** a **18**, usa la propiedad asociativa de la multiplicación para hallar los productos. Puedes usar objetos o hacer un dibujo como ayuda.

13. $2 \times 3 \times 2 =$ _____

14. $3 \times 6 \times 2 =$ _____

15. $2 \times 6 \times 2 =$ _____

16. $5 \times 2 \times 4 =$ _____

17. $5 \times 2 \times 2 =$ _____

18. $3 \times 3 \times 2 =$ _____

Resolución de problemas

19. Razonar Hay 7 nidos con huevos de sinsontes en un parque. ¿Cuál es la mayor cantidad de huevos que puede haber en este parque? ¿Cuál es la menor cantidad de huevos que puede haber?

20. En otro parque hay 3 nidos de sinsontes con 4 huevos en cada nido y 1 nido más con 3 huevos. ¿Cuántos huevos hay en este parque?

Los sinsontes ponen de 3 a 5 huevos.

---

21. María dice que puede hallar el producto de $2 \times 3 \times 4$ si resuelve $3 \times 2 \times 4$. ¿Tiene razón María? Explícalo.

22. Anita tiene 2 matrices. Cada matriz tiene 3 filas de 3 fichas. Explica por qué Anita puede usar la propiedad asociativa para hallar la cantidad total de fichas de dos maneras.

---

23. Álgebra ¿Qué número hace que las dos ecuaciones sean verdaderas?

$4 \times (3 \times 2) = (4 \times ?) \times 2$

$3 \times (5 \times 2) = (? \times 5) \times 2$

24. Razonamiento de orden superior ¿Cómo sabes que $4 \times 2 \times 2$ es lo mismo que 4×4? Explícalo.

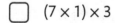

✓ Práctica para la evaluación

25. Usa las propiedades de las operaciones para seleccionar todas las expresiones que podrían usarse para hallar $7 \times 1 \times 3$.

☐ $(7 \times 1) \times 3$

☐ $7 \times (1 \times 3)$

☐ $(1 \times 7) \times 3$

☐ $7 \times 1 \times 1$

☐ $7 \times (3 \times 1)$

26. Se muestra una expresión. Selecciona todas las expresiones equivalentes.

$4 \times 2 \times 3$

☐ $4 \times (2 \times 3)$

☐ $(4 \times 2) \times 3$

☐ $(2 \times 4) \times 3$

☐ $(4 \times 2) \times 4$

☐ $(3 \times 2) \times 2$

Puedes usar propiedades para resolver problemas de diferentes maneras.

Nombre _____

★ Resuélvelo ★
y coméntalo

Has aprendido que puedes usar operaciones conocidas para hallar operaciones desconocidas. Para cada una de las operaciones de multiplicación del 4 que aparecen a continuación, escoge dos operaciones de multiplicación del recuadro que se puedan sumar para hallar el producto dado. La primera solución ya está completada.

¿Qué notas sobre las operaciones que usaste para hallar los productos cuando uno de los factores es el 6 o el 7?

Puedo...
razonar para buscar y describir estrategias generales para hallar productos.

También puedo aplicar las propiedades de las operaciones para multiplicar.

$$6 \times 7$$
$$5 \times 7 + 1 \times 7 = 42$$

$$6 \times 9$$
$$\underline{\hspace{1cm}} + \underline{\hspace{1cm}} = 54$$

$$7 \times 8$$
$$\underline{\hspace{1cm}} + \underline{\hspace{1cm}} = 56$$

$$7 \times 9$$
$$\underline{\hspace{1cm}} + \underline{\hspace{1cm}} = 63$$

1×9	2×8	1×7
5×8	5×9	1×8
5×7	2×7	2×9

Hábitos de razonamiento

¡Razona correctamente! Estas preguntas te pueden ayudar.

- ¿Se repiten algunos cálculos?
- ¿Puedo hacer generalizaciones a partir de los ejemplos?
- ¿Hay algún método corto?

¡Vuelve atrás! **Generalizar** Usa las observaciones que hiciste en el trabajo anterior para completar estas operaciones.

$$(\underline{\hspace{1cm}} \times 6) + (\underline{\hspace{1cm}} \times 6) = 36$$

$$(\underline{\hspace{1cm}} \times 7) + (\underline{\hspace{1cm}} \times 7) = 49$$

Pregunta esencial ¿Cómo puedes usar razonamientos repetidos para multiplicar?

A

Elena escribió las siguientes ecuaciones para hallar cuántos cuadrados hay en total en cada uno de estos rectángulos. Mira las ecuaciones. ¿Qué factores se usan repetidamente en las operaciones conocidas para hallar los productos?

A $3 \times 6 = (2 \times 6) + (1 \times 6) = 12 + 6 = 18$

B $4 \times 9 = (2 \times 9) + (2 \times 9) = 18 + 18 = 36$

C $6 \times 8 = (5 \times 8) + (1 \times 8) = 40 + 8 = 48$

D $7 \times 7 = (5 \times 7) + (2 \times 7) = 35 + 14 = 49$

¿Qué necesito hacer para completar la tarea?

Necesito ver si hay operaciones conocidas que se puedan usar repetidamente para hallar otras operaciones.

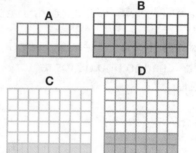

B **¿Cómo puedo hacer una generalización a partir del razonamiento repetido?**

Puedo

• buscar los cálculos que se repiten.

• hacer generalizaciones sobre los cálculos repetidos.

• comprobar si mis generalizaciones funcionan con otros números.

C Veo que los factores 1, 2 y 5 se usan repetidamente. Veo dos generalizaciones.

Puedo descomponer operaciones con 3 o 4 en operaciones de multiplicación del 2 y del 1.
$3 \times 6 = (2 \times 6) + (1 \times 6)$
$4 \times 9 = (2 \times 9) + (2 \times 9)$

Puedo descomponer operaciones con 6 o 7 en operaciones de multiplicación del 5, del 2 y del 1.
$6 \times 8 = (5 \times 8) + (1 \times 8)$
$7 \times 7 = (5 \times 7) + (2 \times 7)$

Puedo comprobar esto con otras operaciones.
$3 \times 5 = (2 \times 5) + (1 \times 5)$
$6 \times 7 = (5 \times 7) + (1 \times 7)$

Este es mi razonamiento...

¡Convénceme! **Generalizar** Usa las generalizaciones anteriores para completar las siguientes operaciones. Di cómo te decidiste.

$7 \times 5 = (\underline{\qquad}) + (\underline{\qquad})$

$7 \times 6 = (\underline{\qquad}) + (\underline{\qquad})$

☆Práctica guiada

Generalizar

Ricardo escribió las siguientes ecuaciones.

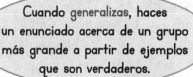
Cuando generalizas, haces un enunciado acerca de un grupo más grande a partir de ejemplos que son verdaderos.

1. ¿Qué factores usó Ricardo repetidamente para hallar los productos? Haz una generalización.

$$3 \times 8 = (2 \times 8) + (1 \times 8) = 24$$
$$3 \times 7 = (2 \times 7) + (1 \times 7) = 21$$
$$6 \times 3 = (6 \times 1) + (6 \times 2) = 18$$

2. Completa esta ecuación para comprobar si tu generalización es verdadera en otras operaciones. Explícalo.

$$3 \times 9 = (\underline{} \times \underline{}) + (\underline{} \times \underline{}) = \underline{}$$

☆Práctica independiente

Generalizar

Mary escribió las ecuaciones de la derecha.

3. ¿Qué factores usó Mary repetidamente para hallar los productos? Haz una generalización.

$$8 \times 7 = (5 \times 7) + (3 \times 7) = 56$$
$$6 \times 8 = (6 \times 5) + (6 \times 3) = 48$$
$$8 \times 9 = (3 \times 9) + (5 \times 9) = 72$$

4. Completa esta ecuación para comprobar si tu generalización es verdadera en otras operaciones. Explícalo.

$$8 \times 3 = (\underline{} \times \underline{}) + (\underline{} \times \underline{}) = \underline{}$$

5. ¿De qué otra manera puedes usar operaciones conocidas para resolver 8×3? ¿Qué generalización puedes hacer de esta manera?

Resolución de problemas

Hornear pizzas

Adam está horneando 4 pizzas. Cada pizza es rectangular. Le toma 35 minutos hornear las pizzas. Adam divide cada pizza en las porciones cuadradas del mismo tamaño que se muestran.

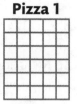

Pizza 1   **Pizza 2**

Pizza 3   **Pizza 4**

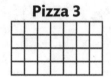
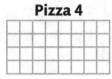

6. **Entender y perseverar** Adam multiplica para hallar la cantidad total de porciones cuadradas de cada pizza. Di qué factores multiplica Adam en cada pizza.

7. **Usar la estructura** Mira las operaciones que escribiste en el Ejercicio **6**. Descompón esas operaciones en operaciones de multiplicación del 1, del 2 y del 5 para hallar la cantidad total de porciones de cada pizza.

Pizza 1

(__ × __) = (__ × __) + (__ × __) = ____

Pizza 2

(__ × __) = (__ × __) + (__ × __) = ____

Pizza 3

(__ × __) = (__ × __) + (__ × __) = ____

Pizza 4

(__ × __) = (__ × __) + (__ × __) = ____

8. **Generalizar** Mira cómo usaste arriba las operaciones de multiplicación del 1, del 2 y del 5. ¿Qué generalizaciones puedes hacer? Comprueba tus generalizaciones con otra operación.

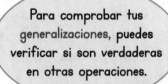

Para comprobar tus generalizaciones, puedes verificar si son verdaderas en otras operaciones.

9. **Evaluar el razonamiento** Mira el modelo de la Pizza 3. Adam dice que puede usar una operación de multiplicación del 2 para resolver 4×7 o 7×4. ¿Tiene razón? Explícalo.

Colorea una ruta que vaya desde la **SALIDA** hasta la **META**. Sigue el camino de las diferencias que son correctas. Solo te puedes mover hacia arriba, hacia abajo, hacia la derecha o hacia la izquierda.

TEMA 3

Actividad de repaso de fluidez

Puedo...
restar hasta 100.

También puedo hacer mi trabajo con precisión.

Salida				
75 − 13 **62**	99 − 63 **36**	85 − 39 **46**	70 − 48 **32**	41 − 31 **11**
39 − 21 **12**	24 − 16 **10**	59 − 37 **22**	55 − 32 **67**	91 − 65 **47**
77 − 38 **45**	47 − 40 **87**	46 − 27 **19**	100 − 62 **58**	45 − 27 **17**
69 − 21 **47**	34 − 29 **15**	65 − 59 **6**	81 − 29 **52**	67 − 19 **48**
82 − 46 **58**	38 − 12 **23**	93 − 34 **69**	24 − 18 **9**	78 − 35 **43**

Meta

Repaso del vocabulario

Glosario

Lista de palabras

- factor
- múltiplo
- producto
- Propiedad asociativa (o de agrupación) de la multiplicación
- Propiedad conmutativa (o de orden) de la multiplicación
- Propiedad de identidad (o del uno) de la multiplicación
- Propiedad del cero en la multiplicación
- Propiedad distributiva

Comprender el vocabulario

Empareja el ejemplo con el término.

1. $5 \times 0 = 0 \times 5$

Propiedad asociativa (o de agrupación) de la multiplicación

2. $(3 \times 8) + (1 \times 8) = 4 \times 8$

Propiedad conmutativa (o de orden) de la multiplicación

3. $(6 \times 2) \times 2 = 6 \times (2 \times 2)$

Propiedad distributiva

4. $7 \times 1 = 7$

Propiedad de identidad (o del uno) de la multiplicación

Escribe V para *verdadero* o F para *falso*.

_____ **5.** 3 y 8 son *múltiplos* de 24.

_____ **6.** Puedes multiplicar los *factores* en cualquier orden.

_____ **7.** El *producto* de cero y cualquier número es ese número.

_____ **8.** Hay 3 *factores* en la oración numérica $5 \times 3 \times 2 = 30$

Usar el vocabulario al escribir

9. Explica cómo se puede usar $8 \times 5 = 40$ para hallar 8×6. Usa por lo menos 2 términos de la Lista de palabras en tu explicación.

Nombre _____

Grupo A páginas 77 a 80 _____

Puedes descomponer una matriz en 2 matrices más pequeñas.

Puedes escribir una operación desconocida como la suma de 2 operaciones conocidas.

$4 \times 8 = (3 \times 8) + (1 \times 8)$

Recuerda que según la propiedad distributiva, una multiplicación se puede descomponer en la suma de otras dos multiplicaciones.

| Para **1** y **2**, halla los valores que faltan. |

1. ____ $\times 4 = (2 \times 4) + (2 \times 4)$

2. $6 \times 5 = (4 \times 5) + ($____ $\times 5)$

Grupo B páginas 81 a 84 _____

Halla 3×4.

Puedes usar una operación de multiplicación del 2 como ayuda para multiplicar por 3.

3×4 {

$2 \times 4 = 8$

$1 \times 4 = 4$

$8 + 4 = 12$

También puedes hallar operaciones de multiplicación del 4.

$3 \times 4 = (3 \times 2) + (3 \times 2) = 6 + 6 = 12$

Recuerda que para hallar una operación de multiplicación del 3, puedes sumar una operación de multiplicación del 2 y una del 1. Para hallar una operación de multiplicación del 4, puedes duplicar el producto de una operación de multiplicación del 2.

1. $3 \times 7 =$ ____   **2.** $4 \times 9 =$ ____

3. $4 \times 10 =$ ____   **4.** $3 \times 10 =$ ____

5. $3 \times 8 =$ ____   **6.** $8 \times 4 =$ ____

7. $9 \times 3 =$ ____   **8.** $10 \times 4 =$ ____

Grupo C páginas 85 a 88 _____

Puedes usar operaciones conocidas como ayuda para multiplicar. Halla 6×9.

$6 \times 9 = (5 \times 9) + (1 \times 9)$

$6 \times 9 = 45 + 9$

$6 \times 9 = 54$

Halla 7×4.

$7 \times 4 = (5 \times 4) + (2 \times 4)$

$7 \times 4 = 20 + 8$

$7 \times 4 = 28$

Recuerda que puedes descomponer una multiplicación en dos multiplicaciones más pequeñas.

1. $6 \times 6 =$ ____   **2.** $7 \times 9 =$ ____

3. $7 \times 7 =$ ____   **4.** $6 \times 8 =$ ____

5. 6   **6.** 6   **7.** 10
   $\times 5$ $\times 3$ $\times 7$

Halla 8 × 9.

Puedes usar operaciones de multiplicación del 2.

8 × 9 = (2 × 9) + (2 × 9) + (2 × 9) + (2 × 9)

8 × 9 = 18 + 18 + 18 + 18

8 × 9 = 72

Puedes contar salteado.

8, 16, 24, 32, 40, 48, 56, 64, 72

Recuerda que puedes usar patrones, operaciones conocidas o el conteo salteado para hallar los productos.

1. 8 × 6 = ___   **2.** 8 × 8 = ___

3. 8 × 7 = ___   **4.** 8 × 10 = ___

5. 1 × 8 = ___   **6.** 0 × 8 = ___

7. 8   **8.** 8   **9.** 8
    × 5   × 3   × 2

Puedes usar la propiedad asociativa para agrupar los factores. El producto no cambia.

Halla 4 × 2 × 2.

Una manera	Otra manera
4 × (2 × 2)	(4 × 2) × 2
4 × 4 = 16	8 × 2 = 16

Recuerda que puedes usar las propiedades para escribir operaciones desconocidas como operaciones conocidas.

Para **1** a **3**, halla los productos. Muestra cómo agrupaste los factores.

1. 4 × 2 × 5 = ___ × ___ = ___

2. 3 × 3 × 7 = ___ × ___ = ___

3. 5 × 5 × 2 = ___ × ___ = ___

Piensa en estas preguntas para ayudarte a usar **razonamientos repetidos**.

Hábitos de razonamiento

• ¿Se repiten algunos cálculos?

• ¿Puedo hacer generalizaciones a partir de los ejemplos?

• ¿Hay algún método corto?

Recuerda que los patrones te pueden ayudar a hacer una generalización.

1. ¿Qué se repite en estas ecuaciones? Usa lo que ves para hacer una generalización.

6 × 6 = (6 × 3) + (6 × 3) = 18 + 18 = 36

7 × 6 = (7 × 3) + (7 × 3) = 21 + 21 = 42

8 × 6 = (8 × 3) + (8 × 3) = 24 + 24 = 48

2. Resuelve esta ecuación para comprobar si tu generalización es verdadera.
10 × 6 = ?

___ × ___ = (___ × ___) + (___ × ___)

= ___ + ___ = ___

Nombre _____

1. Krista ordenó sus botones en una matriz. ¿Qué par de expresiones se puede usar para hallar la cantidad total de botones?

Ⓐ 6 × 7 y 6 × 1

Ⓑ 4 × 7 y 2 × 7

Ⓒ 4 × 4 y 2 × 3

Ⓓ 3 × 7 y 4 × 7

2. Escoge *Sí* o *No* para indicar si se usa la propiedad distributiva.

2a. 4 × (2 + 3) =   ○ Sí   ○ No
4 × 2 + 4 × 3

2b. (4 + 5) × 2 =   ○ Sí   ○ No
4 × 2 + 5 × 2

2c. 2 × 4 =   ○ Sí   ○ No
2 × (3 + 1)

2d. 7 × (5 − 2) =   ○ Sí   ○ No
7 × 5 − 7 × 2

3. Jeff generaliza que una operación de multiplicación del 10 se puede descomponer en dos operaciones de multiplicación del 5. Escribe una ecuación para comprobar su generalización.

4. Julia descompuso una matriz grande en una matriz de 3 × 4 y una matriz de 5 × 4. ¿De qué tamaño era la matriz grande? Muestra tu trabajo.

5. ¿Qué operaciones puedes usar para hallar 4 × 8? Selecciona todas las que apliquen.

☐ 2 × 8 y 2 × 9

☐ 2 × 8 y 2 × 8

☐ 2 × 4 y 1 × 8

☐ 4 × 5 y 4 × 3

☐ 3 × 8 y 1 × 8

6. En una panadería se usan 3 tazas de harina para hacer un pan. Hay 3 panes en una bandeja. Hay 6 bandejas en un carrito. ¿Cuántas tazas de harina se usaron para llenar un carrito de pan? Muestra tu trabajo.

7. Halla el número que hace que la ecuación sea correcta. Explica tu razonamiento.

(3 × 4) + (3 × 4) = _____

8. Casey tiene 3 bolsas de pelotas de béisbol. Hay 6 pelotas en cada bolsa. ¿Cuántas pelotas tiene Casey? Muestra tu trabajo.

[ ] pelotas de béisbol

9. Jonathan organiza sus fotos en una matriz de 6 × 4. Kim organiza sus fotos en una matriz de 7 × 5. ¿Cómo pueden Kim y Jonathan descomponer sus matrices? Escribe cada par de operaciones en el espacio correcto.

6 × 4	7 × 5

5 × 5 y 2 × 5

1 × 4 y 5 × 4

4 × 5 y 3 × 5

1 × 5 y 6 × 5

3 × 4 y 3 × 4

10. Un puesto de granja tiene cerezas en 2 estantes. Cada estante tiene 4 cajas. Cada caja tiene 8 onzas de cerezas. ¿Cuántas onzas de cerezas hay exhibidas en total? Escribe una expresión que represente la cantidad.

[ ] onzas

11. Amy ordenó sus fichas en esta matriz.

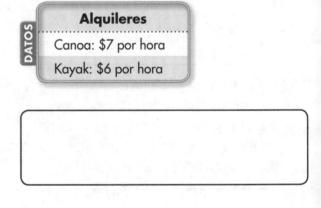

A. ¿Qué dos operaciones puede usar Amy para escribir una ecuación para la matriz?

B. Si Amy agrega una fila más de 9 fichas a su matriz, ¿puede usar las operaciones que escribiste en la parte A para hallar el total? Explica por qué.

12. Tim y su familia alquilaron una canoa por 6 horas el lunes y por 2 horas el martes. ¿Cuánto gastaron? Escribe las ecuaciones que usaste.

Alquileres

DATOS

Canoa: $7 por hora

Kayak: $6 por hora

Nombre _____

Feria escolar

Kay y Ben están ayudando a organizar la feria escolar.
Kay está organizando la banda escolar.
Ben está organizando la venta de pasteles.

La matriz de 3 × 7 de la derecha muestra cómo se
ordenaron las sillas de la banda escolar. Para **1** y **2**,
usa la matriz.

1. Kay quiere que las sillas estén ordenadas en una matriz
de 6 × 7. Añade sillas a la matriz para mostrar cómo
se verá.

2. Kay necesita hacer espacio entre dos filas,
así que separa las sillas en dos matrices
más pequeñas.

Parte A

Traza una línea para mostrar una manera
en la que Kay puede separar las sillas en dos
matrices más pequeñas.

Parte B

Kay quiere saber la cantidad de sillas que hay en cada
matriz nueva. Escribe una operación de multiplicación
para cada una de las matrices nuevas para mostrar cómo
puede averiguarlo.

Parte C

Kay quiere hallar la cantidad de sillas que se están
usando. Muestra cómo se pueden usar las operaciones
de la parte B para hallar la cantidad de sillas.

La tabla **Venta de pasteles** muestra los productos de panadería que Ben pone a la venta en la feria escolar. Para **3** a **5**, usa la tabla **Venta de pasteles**.

Venta de pasteles			
Productos de panadería	Cantidad de bandejas	Cantidad en cada bandeja	Costo por bandeja
Pastelitos de arándano azul	4	7	$6
Pasteles de fresa	7	8	$4
Barras de granola	8	6	$3

3. Ben vende 4 bandejas de barras de granola en la mañana y 4 bandejas de barras de granola en la tarde. ¿Cuánto dinero se recauda con estas ventas? Muestra tu trabajo.

4. Ben organiza los pastelitos de arándano azul en una matriz de 4 × 7.

Parte A

Ben descompone la matriz de pastelitos de arándano azul en 2 matrices que se ven iguales. Dibuja las 2 matrices de pastelitos de arándano a la derecha.

Parte B

Ben quiere hallar el total de pastelitos de arándano azul. Sabe que 2 × 7 = 14. ¿Cómo puede usar esta información para hallar la cantidad total de pastelitos de arándano azul?

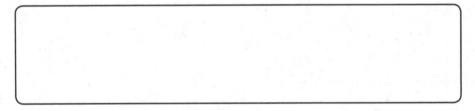

5. Dos amigos compraron 3 bandejas de pasteles de fresa cada uno. Ben dice que gastaron más de $20 en total. ¿Estás de acuerdo? Explícalo.

Usar la multiplicación para dividir: Operaciones de división

Pregunta esencial: ¿Cómo se pueden hallar operaciones de división desconocidas usando operaciones de multiplicación conocidas? ¿En qué se parecen la multiplicación y la división?

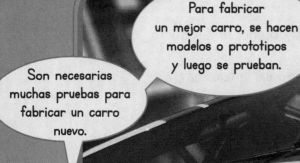

Para fabricar un mejor carro, se hacen modelos o prototipos y luego se prueban.

Son necesarias muchas pruebas para fabricar un carro nuevo.

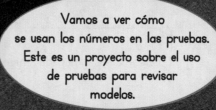

Vamos a ver cómo se usan los números en las pruebas. Este es un proyecto sobre el uso de pruebas para revisar modelos.

Proyecto de ⊙enVision STEM: Poner a prueba modelos

Investigar Se pueden hacer pruebas para comprobar si un modelo funciona o si un cambio lo mejora. Usa la Internet u otras fuentes para hallar información sobre un modelo o prototipo que se puso a prueba. Identifica cómo se hizo la prueba.

Diario: Escribir un informe Incluye lo que averiguaste. En tu informe, también:

- haz una tabla que incluya el modelo, lo que cambió en la prueba y lo que permaneció igual.

- explica los resultados de la prueba.

- escribe una ecuación que muestre una de las relaciones de la prueba. Explica qué representan los números.

Nombre _____

⭐Repasa lo que sabes⭐

(A-Z) Vocabulario

Escoge el mejor término del recuadro.
Escríbelo en el espacio en blanco.

• división	• factores
• ecuación	• multiplicación

1. Los _____ se multiplican entre sí para obtener un producto.

2. Usas la _____ para hallar cuántos grupos iguales hay
o cuánto hay en cada grupo.

3. La _____ es una operación que indica el número total cuando juntas
grupos iguales.

La división

Resuelve los problemas. Puedes usar diagramas de barras o fichas, o puedes hacer
un dibujo como ayuda.

4. Samuel tiene 15 calcomanías para regalar a 3 de sus amigos.
¿Cuántas calcomanías puede recibir cada amigo?

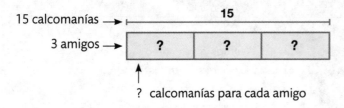

15 calcomanías ⟶ | 15 |
3 amigos ⟶ | ? | ? | ? |

? calcomanías para cada amigo

5. Hay 32 pastelitos. Ocho personas se los reparten por igual.
¿Cuántos pastelitos recibe cada persona?

6. Suzy tiene 12 barras de granola. Hay 2 barras de granola en cada paquete.
¿Cuántos paquetes de barras de granola hay?

Ecuaciones

7. Beny tiene 5 cajas. Coloca 8 marcadores en cada caja. ¿Qué ecuación muestra la cantidad
total de marcadores?

Ⓐ $5 + 8 = 13$ Ⓑ $5 \times 8 = 40$ Ⓒ $40 \div 5 = 8$ Ⓓ $40 \div 8 = 5$

Nombre _____

PROYECTO 4A

¿Quiénes son tus deportistas favoritos?

Proyecto: Haz un cartel sobre tus deportistas favoritos

PROYECTO 4B

¿Quién está en nuestro dinero?

Proyecto: Escribe un informe sobre el dinero

PROYECTO 4C

¿Cómo se ganan puntos al lanzar la herradura?

Proyecto: Crea una hoja de puntaje

PROYECTO 4D

¿Qué tipo de juego inventarías?

Proyecto: Desarrolla un juego

Nombre _____

Resuélvelo *y* **coméntalo**

Usa 24 fichas para hacer una matriz con filas iguales. Escribe una ecuación de multiplicación y una ecuación de división para describir la matriz.

Puedes usar herramientas apropiadas como ayuda para entender la relación entre la multiplicación y la división.

Puedo...

usar familias de operaciones para entender cómo se relacionan la multiplicación y la división.

También puedo usar una herramienta matemática como ayuda para resolver problemas.

¡Vuelve atrás! ¿Qué relaciones ves entre las ecuaciones de multiplicación y de división para cada una de las matrices?

¿Cómo te pueden ayudar a dividir las operaciones de multiplicación?

A

Esta matriz puede mostrar la relación entre la multiplicación y la división.

Multiplicación

3 filas de 10 tambores

$3 \times 10 = 30$

30 tambores

División

30 tambores

en 3 filas iguales

$30 \div 3 = 10$

10 tambores en cada fila

B

Una familia de operaciones muestra cómo se relacionan la multiplicación y la división.

Familia de operaciones para 3, 10 y 30:

$3 \times 10 = 30$ $30 \div 3 = 10$

$10 \times 3 = 30$

$30 \div 10 = 3$

dividendo   divisor   cociente

> Una familia de operaciones es un grupo de operaciones relacionadas que tienen los mismos números.

C

El dividendo es el número de objetos que se van a dividir.

El divisor es el número por el cual se divide otro número.

El cociente es el resultado de una división.

> Recuerda: Un producto es el resultado de una multiplicación.

¡Convénceme! **Razonar** $4 \times 7 = 28$ es una operación de una familia de operaciones. Dibuja una matriz para esta operación. Escribe las otras tres operaciones de la familia de operaciones.

Nombre _____

☆ Práctica guiada

¿Lo entiendes?

1. Mira la familia de operaciones para 3, 10 y 30 de la página 118. ¿Qué observas sobre los productos y los dividendos?

2. ¿Es $4 \times 6 = 24$ parte de la familia de operaciones para 3, 8 y 24? Explícalo.

¿Cómo hacerlo?

Para **3** a **5**, usa la relación entre la multiplicación y la división para completar cada ecuación.

3. $3 \times 7 = 21$

$21 \div 3 =$ _____

4. $18 \div 2 = 9$

$2 \times$ _____ $= 18$

5. $2 \times 10 = 20$

$20 \div 2 =$ _____

☆ Práctica independiente

Para **6** y **7**, usa la relación entre la multiplicación y la división para completar cada ecuación.

6. $2 \times$ _____ $= 16$

$16 \div 2 =$ _____

7. $56 \div 8 = 7$

$8 \times$ _____ $= 56$

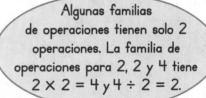

Algunas familias de operaciones tienen solo 2 operaciones. La familia de operaciones para 2, 2 y 4 tiene $2 \times 2 = 4$ y $4 \div 2 = 2$.

Para **8** a **13**, escribe la familia de operaciones.

8. Escribe la familia de operaciones para 6, 7 y 42.

9. Escribe la familia de operaciones para 9, 10 y 90.

10. Escribe la familia de operaciones para 2, 3 y 6.

11. Escribe la familia de operaciones para 1, 5 y 5.

12. Escribe la familia de operaciones para 3, 8 y 24.

13. Escribe la familia de operaciones para 5, 6 y 30.

Resolución de problemas

14. Escribe una ecuación de multiplicación y una ecuación de división para la matriz.

$4 \times$ _____ $= 20$

$20 \div$ _____ $= 5$

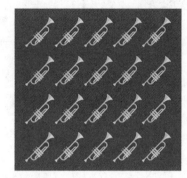

15. Entender y perseverar ¿Cuántas pulgadas más corta es la tela roja que las telas verde y amarilla juntas?

Telas de Sofía	
Color	**Longitud en pulgadas**
Roja	72
Azul	18
Verde	36
Amarilla	54

DATOS

16. Razonamiento de orden superior Anya dice que con 24 fichas ella solo puede formar 6 matrices. Todd dice que él puede formar 8 matrices. ¿Quién tiene razón? Explícalo.

17. Álgebra Carla recogió 9 manzanas por día durante tres días. ¿Qué número indica la cantidad de manzanas que recogió en tres días y hace que esta ecuación sea verdadera?

$\boxed{} \div 3 = 9$

18. A-Z **Vocabulario** ¿Puedes escribir una *familia de operaciones* para 3, 5 y 7? Explícalo.

19. Lisa, Bret y Gary cosecharon manzanas. Lisa llenó 3 carretas con manzanas. Bret también llenó 3 carretas con manzanas. Gary llenó otras 3 carretas con manzanas. Escribe una ecuación de multiplicación y una ecuación de división para este cuento.

✓ Práctica para la evaluación

20. Escoge los números para crear una ecuación de multiplicación que puede usarse para resolver $20 \div 5 = \boxed{}$.

| 2 | 3 | 4 | 5 | 10 | 20 |

$\boxed{} \times 5 = \boxed{}$

21. Escoge los números para crear una ecuación de multiplicación que puede usarse para resolver $24 \div 8 = \boxed{}$.

| 2 | 3 | 4 | 8 | 10 | 24 |

$\boxed{} \times 8 = \boxed{}$

Resuélvelo
y
coméntalo

Karla coloca 30 juguetes en 5 bolsitas para regalos. Coloca la misma cantidad de juguetes en cada bolsita. ¿Cuántos juguetes hay en cada bolsita?

Puedo...

dividir por 2, 3, 4 y 5 pensando en cómo multiplico con esos números.

También puedo buscar patrones para resolver problemas.

Puedes usar la estructura. ¿Cómo puedes usar una familia de operaciones que incluye los números 30 y 5 para resolver el problema?

¡Vuelve atrás! Muestra dos dibujos que puedes hacer para representar 30 ÷ 5.

Pregunta esencial **¿Qué operación de multiplicación puedes usar?**

A

Dora tiene 14 trompetines. Coloca la misma cantidad de trompetines en 2 mesas. ¿Cuántos trompetines hay en cada mesa?

Halla $14 \div 2$.

Lo que piensas	Lo que escribes
¿Qué número multiplicado por 2 es igual a 14? $2 \times 7 = 14$	$14 \div 2 = 7$ Hay 7 trompetines en cada mesa.

B

Dora tiene 40 calcomanías. Si coloca 5 calcomanías en cada bolsa, ¿cuántas bolsas puede decorar Dora?

Halla $40 \div 5$.

Lo que piensas	Lo que escribes
¿Qué número multiplicado por 5 es igual a 40? $8 \times 5 = 40$	$40 \div 5 = 8$ Dora puede decorar 8 bolsas.

C

Dora quiere colocar 15 vasos en 3 pilas iguales sobre la mesa. ¿Cuántos vasos colocará Dora en cada pila?

Halla $15 \div 3$

Lo que piensas	Lo que escribes
¿Qué número multiplicado por 3 es igual a 15? $3 \times 5 = 15$	$15 \div 3 = 5$ Dora colocará 5 vasos en cada pila.

Puedes usar la multiplicación como ayuda para dividir.

Las operaciones de multiplicación y de división forman relaciones.

¡Convénceme! **Razonar** ¿Cómo puedes usar la multiplicación como ayuda para resolver $20 \div 4$? Escribe la operación de multiplicación relacionada que usaste para resolver el problema.

Otro ejemplo

Hay dos maneras de escribir un problema de división.

$$24 \div 4 = 6$$

↑ dividendo   ↑ divisor   ↑ cociente

$$\begin{array}{r} 6 \leftarrow \text{cociente} \\ \text{divisor} \longrightarrow 4{\overline{)24}} \leftarrow \text{dividendo} \end{array}$$

⭐ Práctica guiada

¿Lo entiendes?

1. ¿Cómo te puede ayudar saber que $5 \times 3 = 15$ para dividir 15 por 3?

2. Dina tiene 3 hijos. Compra 30 lápices para repartirlos por igual entre sus hijos durante el año escolar. ¿Cuántos lápices recibe cada hijo? Escribe la respuesta y la familia de operaciones que usaste.

¿Cómo hacerlo?

Para **3** y **4**, completa cada familia de operaciones.

3. $3 \times 6 = 18$ _____

$18 \div 3 = 6$ _____

4. $9 \times 4 = 36$ _____

$36 \div 4 = 9$ _____

Para **5** a **8**, halla cada cociente.

5. $36 \div 4 =$ ____   **6.** $15 \div 5 =$ ____

7. $2{\overline{)18}}$ **8.** $5{\overline{)50}}$

⭐ Práctica independiente ⭐

Para **9** a **20,** halla cada cociente.

9. $12 \div 2 =$ ____   **10.** $12 \div 3 =$ ____   **11.** $16 \div 4 =$ ____   **12.** $35 \div 5 =$ ____

13. $14 \div 2 =$ ____   **14.** $20 \div 4 =$ ____   **15.** $24 \div 4 =$ ____   **16.** $45 \div 5 =$ ____

17. $3{\overline{)27}}$ **18.** $4{\overline{)40}}$ **19.** $5{\overline{)40}}$ **20.** $3{\overline{)21}}$

Resolución de problemas

Para **21** y **22,** usa el rectángulo de la derecha.

21. ¿Cuántos cuadrados individuales hay dentro del rectángulo? Escribe una ecuación de división en la que el cociente represente la cantidad de filas.

22. Entender y perseverar Si Anna ordena los cuadrados en una matriz con 2 columnas, ¿cuántas filas tendrá la matriz?

---

23. Sentido numérico Joey dice: "No puedo resolver $8 \div 2$ usando la operación $2 \times 8 = 16$." ¿Estás de acuerdo? Explícalo.

24. Micaela tiene 8 fichas para ordenar en una matriz. Escribe ecuaciones de multiplicación y división para representar todas las maneras en las que Micaela podría ordenar sus fichas.

---

25. **A-Z Vocabulario** Escribe una ecuación de división. Indica qué número es el *cociente*, el *dividendo* y el *divisor*.

26. Razonamiento de orden superior Chris reparte 18 pretzels por igual a 3 amigos. Martha reparte 20 pretzels por igual a 4 amigos. ¿Quiénes reciben más pretzels, los amigos de Chris o los de Martha? Usa ecuaciones para justificar la respuesta.

✓ Práctica para la evaluación

27. ¿Qué expresión puede ayudarte a dividir $12 \div 3$?

Ⓐ 2×3

Ⓑ 3×3

Ⓒ 4×3

Ⓓ 5×3

28. ¿Qué expresión puede ayudarte a dividir $28 \div 4$?

Ⓐ 7×4

Ⓑ 6×4

Ⓒ 5×4

Ⓓ 4×4

Nombre ______________________

Lección 4-3
Usar la multiplicación para dividir con 6 y 7

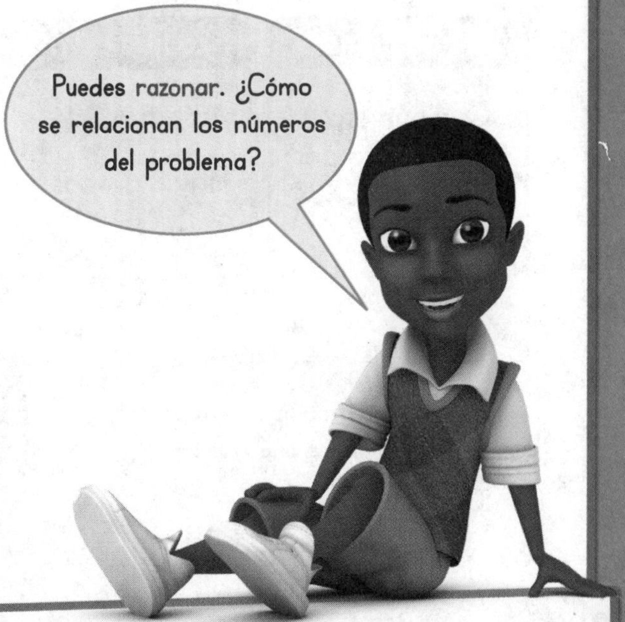

Puedo...
dividir por 6 y por 7 pensando en cómo multiplico con esos números.

También puedo representar con modelos matemáticos para resolver problemas.

Resuélvelo y coméntalo Hay 18 niños en una clase de ballet. Se forman en filas de 6 para una función de danza. ¿Cuántas filas de niños hay?

Puedes razonar. ¿Cómo se relacionan los números del problema?

¡Vuelve atrás! Dibuja un diagrama de barras para representar el problema.

A

Hay 48 perros inscritos en un espectáculo canino. El juez quiere que haya 6 perros en cada grupo. ¿Cuántos grupos hay?

Puedes dividir para hallar cuántos grupos de perros hay.

B

Halla $48 \div 6$.

Lo que piensas	Lo que escribes
¿Qué número multiplicado por 6 es igual a 48? $8 \times 6 = 48$	$48 \div 6 = 8$ Hay 8 grupos.

Usa una multiplicación para entender una división.

C

Otro perro entra a participar. Ahora hay 7 perros en cada grupo. ¿Cuántos grupos hay?

Halla $49 \div 7$.

Lo que piensas	Lo que escribes
¿Qué número multiplicado por 7 es igual a 49? $7 \times 7 = 49$	$49 \div 7 = 7$ Hay 7 grupos.

¡Convénceme! **Representar con modelos matemáticos**
Dibuja un diagrama de barras con los números 36, 6 y 6. Escribe la operación de división y la operación de multiplicación relacionada que muestra el diagrama de barras.

☆ Práctica guiada

¿Lo entiendes?

1. ¿Cómo puedes saber que $42 \div 6$ es mayor que $42 \div 7$ sin hacer la división?

2. ¿Cómo te puede ayudar saber que $8 \times 6 = 48$ para dividir 48 por 6?

¿Cómo hacerlo?

Para **3** a **8**, escribe la operación de multiplicación relacionada y luego halla cada cociente.

3. $36 \div 6 =$ _____   **4.** $42 \div 6 =$ _____

5. $42 \div 7 =$ _____   **6.** $18 \div 6 =$ _____

7. $6\overline{)24}$ **8.** $6\overline{)30}$

☆ Práctica independiente

Práctica al nivel Para **9** a **20**, usa operaciones de multiplicación y división relacionadas para hallar el cociente.

9. $12 \div 6 = ?$

¿Qué número multiplicado por 6 es igual a 12?

$6 \times \boxed{} = 12$

$12 \div 6 = \boxed{}$

10. $21 \div 3 = ?$

¿Qué número multiplicado por 3 es igual a 21?

$3 \times \boxed{} = 21$

$21 \div 3 = \boxed{}$

11. $30 \div 6 = ?$

¿Qué número multiplicado por 6 es igual a 30?

$6 \times \boxed{} = 30$

$30 \div 6 = \boxed{}$

12. $2\overline{)14}$

13. $7\overline{)49}$

14. $6\overline{)60}$

15. $6\overline{)54}$

16. $6\overline{)6}$

17. $7\overline{)28}$

18. Halla 49 dividido por 7.

19. Divide 54 por 6.

20. Halla 35 dividido por 7.

Resolución de problemas

21. Una pizzería preparó 88 pizzas de masa gruesa. Preparó 10 pizzas de masa delgada más que pizzas de masa gruesa. ¿Cuántas pizzas de masa delgada preparó la pizzería?

22. Razonamiento de orden superior Hay 35 llantas nuevas. Cada camión necesita 6 llantas más 1 llanta de repuesto. ¿Para cuántos camiones alcanzan las llantas nuevas?

23. Entender y perseverar Explica el error en la siguiente familia de operaciones. Indica la operación correcta.

$$4 \times 7 = 28 \qquad 7 \times 4 = 28$$
$$7 \div 4 = 28 \qquad 28 \div 7 = 4$$

24. Gloria cortó 7 céspedes y ganó $56. Le pagaron la misma cantidad por cada césped. ¿Cuánto dinero ganó Gloria por cortar cada césped? Escribe una ecuación para representar el problema.

1 paquete de 7 cuentas rojas

1 paquete de 6 cuentas verdes

1 paquete de 5 cuentas doradas

25. Andy compró 35 cuentas. Compró cuentas de un solo color. ¿Qué cuentas pudo haber comprado? ¿Cuántos paquetes de ese color compró?

26. Carla compró 48 cuentas. Compró cuentas de un solo color. ¿Qué cuentas pudo haber comprado? ¿Cuántos paquetes de ese color compró?

✓ Práctica para la evaluación

27. ¿Qué multiplicación puedes usar como ayuda para hallar el valor del número desconocido en la ecuación $42 \div 7 = \square$?

Ⓐ 5×7

Ⓑ 6×7

Ⓒ 7×7

Ⓓ 8×7

28. ¿Qué multiplicación puedes usar como ayuda para hallar el valor del número desconocido en la ecuación $36 \div 6 = \square$?

Ⓐ 5×6

Ⓑ 6×6

Ⓒ 7×6

Ⓓ 8×6

Nombre _____

Resuélvelo y coméntalo Un maestro de arte tiene 72 crayones. Los crayones vienen en cajas de 8. ¿Cuántas cajas de crayones tiene?

Puedes razonar. ¿Qué familia de operaciones usa los números 72 y 8 y te puede ayudar a resolver el problema?

Puedo...
dividir por 8 y 9 pensando en cómo multiplico con esos números.

También puedo razonar sobre las matemáticas.

¡Vuelve atrás! Haz un dibujo que puedas usar como ayuda para resolver el problema anterior.

Pregunta esencial ¿Qué multiplicación puedes usar?

A

John tiene 56 pajillas. Necesita 8 pajillas para hacer una araña. ¿Cuántas arañas puede hacer John? Halla 56 ÷ 8.

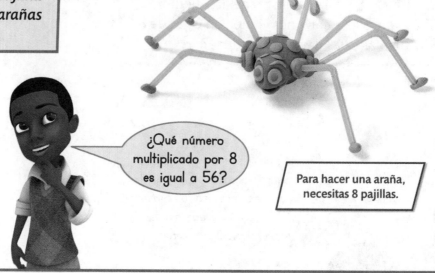

56 pajillas

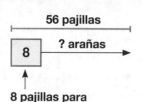

8 | ? arañas →

8 pajillas para cada araña

$7 \times 8 = 56$

John puede hacer 7 arañas.

¿Qué número multiplicado por 8 es igual a 56?

Para hacer una araña, necesitas 8 pajillas.

B

Luz hizo 9 animales. Usó 54 pajillas. Usó la misma cantidad de pajillas para cada animal. ¿Cuántas pajillas usó para cada animal?

Halla 54 ÷ 9.

Puedes dividir para hallar cuántas pajillas usó Luz en cada animal.

54 pajillas

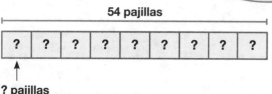

| ? | ? | ? | ? | ? | ? | ? | ? | ? |

? pajillas por un animal

Lo que piensas	Lo que escribes
¿Qué número multiplicado por 9 es igual a 54? $9 \times 6 = 54$	$54 \div 9 = 6$ Luz usó 6 pajillas por cada animal.

¡Convénceme! **Buscar relaciones** Escribe la multiplicación relacionada que se pueda usar para completar las operaciones de división.

Operación de división	Multiplicación relacionada
$72 \div 8 =$ _____	_____ × _____ = _____
$48 \div 8 =$ _____	_____ × _____ = _____
$63 \div 9 =$ _____	_____ × _____ = _____

¿Lo entiendes?

1. ¿Qué operación de multiplicación puedes usar para hallar $18 \div 9$?

2. Carla y Jeff usaron 72 pajillas cada uno. Carla hace animales de 9 patas. Jeff hace animales de 8 patas. ¿Quién hace más animales? Explícalo.

¿Cómo hacerlo?

Para **3** y **4**, usa la ecuación de multiplicación como ayuda para hallar los cocientes.

3. $16 \div 8 = ?$
¿Qué número multiplicado por 8 es igual a 16?

_____ $\times 8 = 16$
Por tanto, $16 \div 8 =$ _____.

4. $64 \div 8 = ?$
¿Qué número multiplicado por 8 es igual a 64?

_____ $\times 8 = 64$
Por tanto, $64 \div 8 =$ _____.

☆ Práctica independiente

Práctica al nivel Para **5** a **7**, usa la ecuación de multiplicación como ayuda para hallar los cocientes.

5. $24 \div 8 = ?$
¿Qué número multiplicado por 8 es igual a 24?

_____ $\times 8 = 24$

$24 \div 8 =$ _____

6. $45 \div 9 = ?$
¿Qué número multiplicado por 9 es igual a 45?

_____ $\times 9 = 45$

$45 \div 9 =$ _____

7. $27 \div 9 = ?$
¿Qué número multiplicado por 9 es igual a 27?

_____ $\times 9 = 27$

$27 \div 9 =$ _____

Para **8** a **16**, halla los cocientes.

8. $48 \div 8 =$ _____

9. $72 \div 9 =$ _____

10. $8 \div 8 =$ _____

11. $54 \div 9 =$ _____

12. $72 \div 8 =$ _____

13. $90 \div 9 =$ _____

14. $8\overline{)80}$

15. $8\overline{)32}$

16. $9\overline{)9}$

Resolución de problemas

17. Callie montó en bicicleta 27 millas el sábado. Montó en bicicleta 9 millas cada hora. ¿Cuántas horas montó en bicicleta Callie? Haz un dibujo para representar el problema.

18. **enVision®** STEM Ocho amigos deciden probar qué tan lejos pueden volar 40 aviones de papel que tienen diferentes formas. Si cada amigo usa la misma cantidad de aviones, ¿cuántos aviones usará cada uno para hacer las pruebas?

19. **Razonar** ¿Qué otras ecuaciones pertenecen a la misma familia de operaciones de $18 \div 9 = 2$?

20. **Razonamiento de orden superior** Jeremy tenía 30 ositos de goma. Se comió 6 y regaló los demás a 8 amigos. Cada amigo recibió la misma cantidad de ositos de goma. ¿Cuántos ositos de goma recibió cada amigo?

21. El Sr. Stern gastó $36 en boletos. Compró solo un tipo de boleto.
    a. ¿Qué tipos de boletos pudo haber comprado?

    b. ¿Qué tipo de boleto **NO** pudo haber comprado? Explica por qué no.

Precio de los boletos de teatro	
Tipo de boleto	Precio del boleto
Niños	$4
Jóvenes	$8
Adultos	$9

Práctica para la evaluación

22. Halla $32 \div 8$ seleccionando números para completar las siguientes ecuaciones. Puedes usar los números más de una vez.

2	4	6	8	16

$8 \times \square = 32$

$32 \div 8 = \square$

23. Halla $54 \div 9$ seleccionando números para completar las siguientes ecuaciones. Puedes usar los números más de una vez.

2	3	6	9	19

$9 \times \square = 54$

$54 \div 9 = \square$

Nombre _____

Los premios para una feria escolar vienen en paquetes de 2 premios iguales cada uno. ¿Qué premios de la siguiente lista pueden estar en paquetes sin que sobre ninguno? Di cómo lo decidiste.

Lección 4-5
Patrones de multiplicación: Números pares e impares

Tipo de premio	carros	gorras	pelotas	botes	libros
Cantidad de premios	6	15	23	18	36

Puedo...
hallar y explicar patrones para números pares e impares.

También puedo razonar sobre las matemáticas.

Puedes razonar. Piensa en números que se puedan separar en dos grupos iguales.

¡Vuelve atrás! ¿Qué observas sobre los números de los premios que pueden venir en paquetes de 2 sin que sobre ninguno? ¿Qué observas sobre los números de los otros premios?

¿Cómo puedes explicar los patrones de multiplicación en los números pares e impares?

A

Nita dice que el producto de un número par y un número impar siempre es par. ¿Tiene razón?

Los números pares tienen 0, 2, 4, 6 u 8 en el lugar de las unidades.

Los números **pares** son números enteros que se pueden dividir por 2 sin que sobre nada.

Los números **impares** son números enteros que no se pueden dividir por 2 sin que sobre nada.

1	2	3	4	5	6	7	8	9	10
11	12	13	14	15	16	17	18	19	20
21	22	23	24	25	26	27	28	29	30
31	32	33	34	35	36	37	38	39	40

B Los números pares mayores que 0 se pueden representar como dos grupos iguales.

Piensa en 2×3 y 2×5.

2 es un número par.

2×3 significa 2 grupos iguales de 3.

$2 \times 3 = 6$

2×5 significa 2 grupos iguales de 5.

$2 \times 5 = 10$

Siempre hay 2 grupos iguales; por tanto, el producto de 2 multiplicado por cualquier número es par.

C Puedes **generalizar**.

Todos los números pares son múltiplos de 2.

Piensa en 4×3.

Puedes pensar en 4 como 2 grupos de 2.

Usando propiedades, puedes escribir $4 \times 3 = (2 \times 2) \times 3$ como $4 \times 3 = 2 \times (2 \times 3)$.

Por tanto, $4 \times 3 = 2 \times 6$.

Hay 2 grupos iguales de 6. Por tanto, el producto será par.

Puedes escribir cualquier número par como 2 grupos iguales. Por tanto, Nita tiene razón: par × impar = par.

¡Convénceme! **Generalizar** ¿Cuando se multiplica por 8 siempre da un producto par? Explícalo.

Otro ejemplo

Un número impar no es divisible por 2 sin que sobre nada.

Piensa en 3×5.
3 no es divisible por 2 sin que sobre nada.
5 no es divisible por 2 sin que sobre nada.

$3 \times 5 = 15$

15 es impar.

Ambos factores son impares. Los números impares no pueden dividirse en 2 grupos iguales sin que sobre nada. Por tanto, impar × impar = impar.

Práctica guiada

¿Lo entiendes?

1. Si multiplicas dos números pares, ¿será el producto par o será impar? Explícalo con un ejemplo.

¿Cómo hacerlo?

Escribe o encierra en un círculo para completar las oraciones. Luego, resuélvelo.

2. $4 \times 6 = ?$

¿4 es divisible por 2? _____

¿6 es divisible por 2? _____

Por tanto, 4×6 es par / impar .

$4 \times 6 =$ _____

Práctica independiente

Para **3** a **5**, encierra en un círculo los factores que son divisibles por 2. Luego, escribe *par* o *impar* para describir el producto y resuelve la ecuación.

3. $9 \times 5 = ?$

9×5 es _____.

$9 \times 5 =$ _____

4. $8 \times 7 = ?$

8×7 es _____.

$8 \times 7 =$ _____

5. $4 \times 8 = ?$

4×8 es _____.

$4 \times 8 =$ _____

Resolución de problemas

Para **6** a **8**, usa la tabla de la derecha. Mira los factores y escribe *par* o *impar* para describir el producto. Luego, resuelve el problema.

6. ¿Cuántas millas montó en bicicleta José durante 6 días?

El producto es _____ .

7. ¿Cuántas millas montó en bicicleta Catalina durante 8 días?

El producto es _____ .

8. ¿Cuántas millas montaron en bicicleta María y Rafid durante 3 días?

El producto es _____ .

Distancias recorridas por día	
Ciclista	**Millas recorridas por día**
Rafid	5
Catalina	6
José	3
María	4

DATOS

9. Evaluar el razonamiento Ryan dice que el siguiente patrón es verdadero.

par × impar = par

impar × par = impar

¿Tiene razón? Explícalo.

10. Dibuja una figura con un número impar de lados. Luego, escribe el nombre de la figura.

11. Razonamiento de orden superior La panadería tenía 84 pastelitos. La Sra. Craig compró 5 paquetes de 6 pastelitos. ¿Compró una cantidad par o una cantidad impar de pastelitos? ¿Es par o impar la cantidad de pastelitos que queda? Explícalo.

✓ Práctica para la evaluación

12. Selecciona todas las ecuaciones en las que puedas usar propiedades de las operaciones para mostrar que el producto será par.

☐ $7 \times 9 = ?$ ☐ $1 \times 6 = ?$

☐ $9 \times 2 = ?$ ☐ $7 \times 5 = ?$

☐ $5 \times 3 = ?$

13. Selecciona todas las ecuaciones cuyos productos **NO** son pares.

☐ $5 \times 1 = ?$ ☐ $8 \times 8 = ?$

☐ $2 \times 7 = ?$ ☐ $6 \times 4 = ?$

☐ $3 \times 9 = ?$

Nombre _____

Resuélvelo y coméntalo

Halla $5 \div 1$, $0 \div 5$ y $5 \div 5$. Explica cómo hallaste cada cociente. Puedes usar fichas como ayuda.

Puedo... entender los patrones de división con 0 y 1.

También puedo buscar patrones para resolver problemas.

Busca relaciones. Piensa en la relación entre la división y la multiplicación.

¡Vuelve atrás! Usa lo que sabes sobre multiplicar por 0 para hallar $0 \div 7$, $0 \div 4$ y $0 \div 10$. Describe los patrones que observas.

Pregunta esencial

¿Cómo divides con 1 o 0?

A

Neil tiene 3 peces dorados. Coloca 1 pez dorado en cada pecera. ¿Cuántas peceras usó Neil? Halla $3 \div 1$.

Cualquier número dividido por 1 da el mismo número.

¿Qué número multiplicado por 1 es igual a 3?

$3 \times 1 = 3$
Por tanto, $3 \div 1 = 3$.

Neil usó 3 peceras.

3 grupos de 1

B **1 como cociente**

Halla $3 \div 3$.

¿Qué número multiplicado por 3 es igual a 3?

$3 \times 1 = 3$

Por tanto, $3 \div 3 = 1$.

Regla: Todo número (excepto el 0) dividido por sí mismo es 1.

C **Dividir 0 por un número**

Halla $0 \div 3$.

¿Qué número multiplicado por 3 es igual a 0?

$3 \times 0 = 0$

Por tanto, $0 \div 3 = 0$.

Regla: 0 dividido por cualquier número (excepto el 0) es 0.

D **Dividir por 0**

Halla $3 \div 0$.

¿Qué número multiplicado por 0 es igual a 3?

No existe ese número. Por tanto, $3 \div 0$ no se puede hallar.

Regla: No se puede dividir ningún número por 0.

¡Convénceme! **Hacerlo con precisión** Susana escribió 9 invitaciones. Puso 1 invitación en cada buzón en la calle donde vive. ¿En cuántos buzones puso invitaciones? ¿Cuál de las ecuaciones muestra el problema y la solución? Explica tu razonamiento.

$0 \div 9 = 0$ $9 \div 1 = 9$

¿Lo entiendes?

1. ¿Cómo puedes saber, sin dividir, que $375 \div 375 = 1$?

2. Usa una representación para explicar por qué cero dividido por cualquier número excepto cero es cero.

¿Cómo hacerlo?

Para **3** y **4**, resuelve la ecuación de multiplicación para hallar los cocientes.

3. Halla $8 \div 8$.

$8 \times$ _____ $= 8$

Por tanto, $8 \div 8 =$ _____.

4. Halla $0 \div 9$.

$9 \times$ _____ $= 0$

Por tanto, $0 \div 9 =$ _____.

Recuerda que no puedes dividir ningún número por 0.

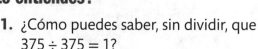

Práctica al nivel Para **5** a **7**, resuelve la ecuación de multiplicación para hallar los cocientes.

5. Halla $0 \div 7$.

$7 \times$ _____ $= 0$

Por tanto, $0 \div 7 =$ _____.

6. Halla $4 \div 4$.

$4 \times$ _____ $= 4$

Por tanto, $4 \div 4 =$ _____.

7. Halla $6 \div 1$.

$1 \times$ _____ $= 6$

Por tanto, $6 \div 1 =$ _____.

Para **8** a **18**, halla los cocientes.

8. $3 \div 3 =$ _____

9. $0 \div 8 =$ _____

10. $5 \div 5 =$ _____

11. $7 \div 1 =$ _____

12. $6\overline{)6}$

13. $1\overline{)5}$

14. $25\overline{)25}$

15. $1\overline{)13}$

16. Halla 0 dividido por 8.

_____

17. Halla 9 dividido por 1.

_____

18. Halla 10 dividido por 10.

_____

Resolución de problemas

Para **19** a **22**, usa la ilustración de la derecha.

19. Addie caminó por 3 senderos una distancia total de 11 millas. ¿Por qué senderos caminó Addie?

20. Marty caminó 4 veces un sendero. En total caminó más de 10 millas pero menos de 16 millas. ¿Por qué sendero caminó? Explica tu respuesta.

21. Cuatro equipos están limpiando el camino verde. Cada uno de los equipos limpia una distancia igual. ¿Cuántas millas limpia cada equipo?

22. Fiona fue de caminata el miércoles y el domingo. Cada día caminó todos los senderos. ¿Cuántas millas caminó Fiona?

---

23. Representar con modelos matemáticos Usa una representación para explicar por qué el resultado de cualquier número dividido por 1 es ese mismo número.

24. Razonamiento de orden superior Yvonne dice que tanto $0 \div 21$ y $21 \div 0$ tienen un cociente de 0. ¿Tiene razón? Explícalo.

✓ Práctica para la evaluación

25. Usa las propiedades de la división para unir cada ecuación con su cociente.

	0	1
$8 \div 8 = ?$	☐	☐
$0 \div 4 = ?$	☐	☐
$3 \div 3 = ?$	☐	☐

26. Usa las propiedades de la división para unir cada ecuación con su cociente.

	0	1
$4 \div 4 = ?$	☐	☐
$0 \div 5 = ?$	☐	☐
$0 \div 7 = ?$	☐	☐

Nombre _____

Resuélvelo y coméntalo

Un autobús lleva 56 turistas a un parque nacional. En el parque hay 7 guías que acompañan a los turistas en grupos de igual cantidad. ¿Cuántos turistas hay en cada grupo? Cada turista de un grupo le paga $2 a un guía por la entrada. ¿Cuánto recibe 1 guía?

Representa con modelos matemáticos. Usa las estrategias que conozcas para resolver el problema.

Puedo...
usar patrones y operaciones relacionadas para resolver problemas de multiplicación y de división.

También puedo representar con modelos matemáticos para resolver problemas.

¡Vuelve atrás! ¿Cómo puede ayudarte $7 \times ? = 56$ para hallar $56 \div 7 = ?$

A

Sabrina tiene 28 monedas de 25¢ en su alcancía. Quiere cambiarlas por billetes de un dólar. ¿Cuántos billetes de un dólar obtendrá Sabrina?

Hay 4 monedas de 25¢ en un dólar.

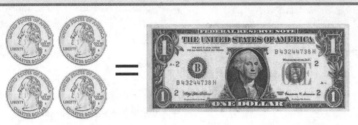

B **Una manera**

¿Cuántos grupos de 4 hay en 28?

Puedes dibujar un diagrama de barras como ayuda para resolver el problema.

28 monedas de 25¢

| 4 | ? |

↑
4 monedas de 25¢ en un dólar

$28 \div 4 = 7$

Hay 7 grupos de 4 en 28. Sabrina puede cambiar 28 monedas de 25¢ por 7 billetes de un dólar.

C **Otra manera**

¿Qué número multiplicado por 4 es igual a 28?

Puedes usar operaciones de multiplicación como ayuda para resolver el problema.

$? \times 4 = 28$

$7 \times 4 = 28$

Sabrina puede cambiar 28 monedas de 25¢ por 7 billetes de un dólar.

¡Convénceme! **Construir argumentos** ¿Por qué se puede usar $28 \div 7 = ?$ y también $? \times 7 = 28$ para resolver el problema anterior?

Nombre _____

☆ Práctica guiada

¿Lo entiendes?

1. Vuelve a leer el problema de la página anterior. Supón que Sabrina puso 8 monedas más de 25¢ en su alcancía. ¿Por cuántos billetes de un dólar puede cambiar ahora sus monedas de 25¢?

2. Calvin resuelve la ecuación $49 \div 7 = \square$. ¿Cómo le ayuda esto a completar la ecuación $7 \times \square = 49$?

¿Cómo hacerlo?

Para **3** a **7**, usa una operación de multiplicación o de división para completar las ecuaciones.

3. _____ $= 45 \div 5$

$45 = 5 \times$ _____

4. _____ $\times 7 = 21$

$21 \div$ _____ $= 7$

5. $6 \times$ _____ $= 30$

$30 \div 6 =$ _____

6. $4 = 24 \div$ _____

$24 =$ _____ $\times 4$

7. $6 \times$ _____ $= 12$

$12 \div 6 =$ _____

Puedes usar la multiplicación como ayuda para dividir.

☆ Práctica independiente

Práctica al nivel Para **8** a **10**, usa las familias de operaciones para completar las ecuaciones.

8. $42 \div 7 =$ _____

$7 \times$ _____ $= 42$

9. $18 = 6 \times$ _____

_____ $= 18 \div 6$

10. $9 =$ _____ $\div 8$

$9 \times 8 =$ _____

Para **11** a **19**, halla el producto o el cociente.

11. $36 \div 4 =$ _____

12. _____ $= 8 \times 8$

13. $15 \div 3 =$ _____

14. $6\overline{)36}$

15. $9\overline{)63}$

16. $9\overline{)54}$

17. Multiplica 8 por 5.

18. Divide 18 por 9.

19. Divide 27 por 3.

Resolución de problemas

Para **20** a **22**, usa la receta de la derecha.

La mezcla de nueces y frutas secas de Eric

Para una tanda.

Ingredientes:

4 tazas de maní

3 tazas de pasas

2 tazas de nueces

20. ¿Cuántas tazas de maní necesitaría Eric para preparar 5 tandas de mezcla de nueces y frutas secas? Escribe una ecuación para mostrar tu razonamiento.

21. ¿Cuántas tandas de mezcla de nueces y frutas secas puede preparar Eric con 16 tazas de maní, 15 tazas de pasas y 8 tazas de nueces?

22. **Razonar** Eric gasta $30 en comprar los ingredientes para 5 tandas de mezcla de nueces y frutas. Halla el costo de los ingredientes que Eric necesita para una tanda. ¿Cuánto necesitaría Eric para 2 tandas?

23. Emilia trazó líneas para dividir estos cuadrados en partes. ¿Cuál es una manera de nombrar estas partes?

24. **Razonamiento de orden superior** Wilson está pensando en 2 números de un dígito. Cuando los multiplica, el producto es 27. ¿Cuál es la suma de los dos números? Explica tu respuesta.

✓ Práctica para la evaluación

25. Usa la relación entre la multiplicación y la división para hallar el valor de cada número desconocido.

Ecuación	Número desconocido
$42 \div 7 = ?$	
$7 \times ? = 42$	
$9 = 36 \div ?$	
$9 \times ? = 36$	

26. Usa las propiedades de las operaciones para hallar el valor de cada número desconocido.

Ecuación	Número desconocido
$8 \div 1 = ?$	
$? = 9 \div 9$	
$? = 0 \div 3$	
$6 \times 0 = ?$	

Nombre _____

Resuélvelo y coméntalo

La expresión 24 ÷ 4 está en el lado derecho de la siguiente balanza. ¿Qué puedes escribir en el lado izquierdo para que tenga el mismo valor que el lado derecho? Escribe 5 problemas de multiplicación o división diferentes que mantengan equilibrada la balanza.

Puedo...
usar operaciones de multiplicación y división para hallar valores desconocidos de una ecuación.

También puedo hacer generalizaciones a partir de ejemplos.

Puedes generalizar para hallar 5 problemas que mantengan la balanza en equilibrio. ¿Qué parte del problema se repite?

? = 24 ÷ 4

¡Vuelve atrás! ¿Puede el problema 1 × 3 × 2 × 1 mantener la anterior balanza en equilibrio? Explícalo.

Pregunta esencial ¿Cómo funcionan las ecuaciones de multiplicación y división?

A La balanza muestra la ecuación $35 \div 7 = 5$.

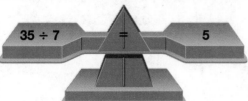

$35 \div 7$ = 5

Recuerda que, en una ecuación, el símbolo = significa "es igual a". Te dice que el valor a la izquierda es igual que el valor a la derecha.

B Estos son otros ejemplos de ecuaciones.

$16 \div 4$ = 2×2

$$16 \div 4 = 2 \times 2$$

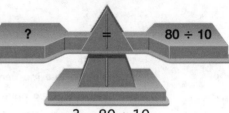

? = $80 \div 10$

$$? = 80 \div 10$$
$$8 = 80 \div 10$$

C Frank tiene algunos tubos de pelotas de tenis. Cada tubo contiene 4 pelotas. Frank tiene 8 pelotas de tenis en total. ¿Cuántos tubos de pelotas de tenis tiene?

Puedes escribir una ecuación para representar el problema.

$$8 = ? \times 4$$

D Algunas ecuaciones tienen símbolos que representan incógnitas. La ? representa la cantidad de tubos de pelotas de tenis que tiene Frank.

$$8 = ? \times 4$$

Una operación de multiplicación que corresponde a esto es $8 = 2 \times 4$.

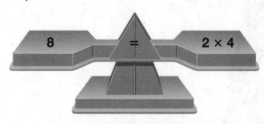

8 = 2×4

El valor de ? es 2. Por tanto, ? = 2.

¡Convénceme! Razonar Usa el valor de ? en la ecuación de multiplicación para escribir y resolver dos ecuaciones de división.

$$7 \times \, ? = 42 \qquad 42 \div \, ? = \square \qquad 42 \div \square = \, ?$$

Nombre _____

☆ Práctica guiada

¿Lo entiendes?

1. Escribe una ecuación que represente el siguiente problema:
Winston hace sándwiches. Cada sándwich tiene 2 rebanadas de pan. Winston usa 16 rebanadas de pan. ¿Cuántos sándwiches hace? Usa ? para representar la cantidad de sándwiches.

¿Cómo hacerlo?

Para **2** a **5**, halla el valor de ? que hace verdadera la ecuación.

2. $9 \times ? = 27$

3. $8 = 40 \div ?$

4. $32 = ? \times 8$

5. $? \div 3 = 6$

☆ Práctica independiente

Para **6** a **9**, halla el valor de ? que hace la verdadera la ecuación.

6. $? \div 4 = 7$

7. $25 = 5 \times ?$

8. $72 = ? \times 9$

9. $4 = 20 \div ?$

Para **10** a **13**, escribe y resuelve una ecuación que represente cada problema.

10. Sasha tiene 21 monedas de 10¢. Las coloca en pilas con la misma cantidad de monedas en cada pila. En total, tiene 3 pilas. ¿Cuántas monedas de 10¢ hay en cada pila? Usa ? para representar la cantidad de monedas de 10¢ que hay en cada pila.

11. En el corral del establo hay algunas ovejas. Cada oveja tiene 4 patas. Hay 24 patas en el corral. ¿Cuántas ovejas hay en el corral? Usa ? para representar cuántas ovejas hay en el corral.

12. Un equipo de fútbol americano anotó 48 puntos en un partido. El equipo solo anotó *touchdowns*, que valen 6 puntos cada uno. ¿Cuántos *touchdowns* anotó el equipo? Usa ? para representar la cantidad de *touchdowns*.

13. Había 6 mariquitas en una hoja. Todas las mariquitas tenían la misma cantidad de puntos negros. Había 36 puntos negros. ¿Cuántos puntos negros tenía cada mariquita? Usa ? para representar la cantidad de puntos negros de cada mariquita.

Resolución de problemas

14. Un panadero está decorando 5 pasteles. Usa 9 flores de chocolate para decorar cada pastel. ¿Cuántas flores necesitará para decorar todos los pasteles? Escribe una ecuación para representar el problema. Usa ? para representar la información que falta. Luego, resuelve tu ecuación.

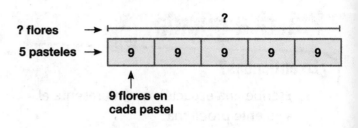

15. **Hacerlo con precisión** Hernán les preguntó a 20 personas cuál era su deporte favorito. La tabla de conteo muestra cuántas personas respondieron *béisbol* y *natación*. Todas las otras personas a las que les preguntó dijeron que su deporte favorito era fútbol americano. Completa la tabla de conteo para mostrar cuántas personas escogieron fútbol americano.

Deporte favorito	
Béisbol	///
Natación	⊬⊬ ////
Fútbol americano	

16. **Razonamiento de orden superior** Un edificio tiene más de 2 pisos, pero menos de 10 pisos. Cada piso tiene la misma cantidad de ventanas. El edificio tiene 25 ventanas. Completa la oración y luego explica cómo hallaste tu respuesta.

El edificio tiene _____ pisos y cada piso tiene _____ ventanas.

17. Rosi y Karen intentan resolver $4 = ? \div 8$. Rosi dice que el valor de la incógnita es 32. Karen dice que el valor de la incógnita es 2. ¿Quién tiene razón? Explícalo.

✓ Práctica para la evaluación

18. ¿Cuál es el valor del número desconocido en la ecuación $30 \div ? = 6$?

Ⓐ 4
Ⓑ 5
Ⓒ 6
Ⓓ 7

19. ¿Cuál es el valor del número desconocido en la ecuación $8 \times ? = 64$?

Ⓐ 5
Ⓑ 6
Ⓒ 7
Ⓓ 8

Nombre ______________________

Resuélvelo y coméntalo

Natalia preparó una caja de naranjas para enviar. Empacó las naranjas en dos capas. En cada capa, empacó 6 filas de 7 naranjas cada una. ¿Cuántas naranjas empacó Natalia? Usa ecuaciones para representar tu trabajo.

Resolución de problemas

Lección 4-9

Entender y perseverar

Puedo...

entender problemas y perseverar si no puedo seguir adelante.

También puedo resolver problemas de varios pasos.

Hábitos de razonamiento

¡Razona correctamente!
Estas preguntas te pueden ayudar.

- ¿Qué necesito hallar?
- ¿Qué sé?
- ¿Cuál es mi plan para resolver el problema?
- ¿Qué más puedo intentar si no puedo seguir adelante?
- ¿Cómo puedo comprobar si mi solución tiene sentido?

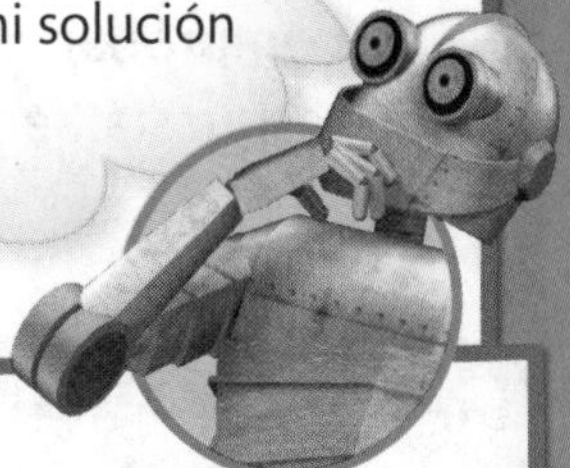

¡Vuelve atrás! **Entender y perseverar** ¿Cómo hallaste la cantidad de naranjas que Natalia empacó en cada capa? ¿Cómo te ayudó este plan a resolver el problema?

Pregunta esencial   **¿Cómo puedes entender un problema y perseverar en resolverlo?**

A

Una tienda vende cajas de videojuegos. Cada caja contiene videojuegos que están en 2 filas, con 3 videojuegos en cada fila.

Cada videojuego cuesta lo mismo.

¿Cuál es el costo de cada videojuego?

> Para perseverar puedes comprobar tu estrategia y tu trabajo.

¿Qué necesito hacer?

Necesito entender el problema antes de resolverlo. Si no puedo seguir adelante, necesito perseverar hasta que pueda hallar el costo de cada videojuego.

$54 VIDEOJUEGOS

B

¿Cómo puedo entender y resolver el problema?

Puedo

- identificar lo que se sabe del problema.

- buscar y responder preguntas escondidas en el problema.

- hacer un plan para resolver el problema.

- comprobar si mi trabajo y mi respuesta tienen sentido.

C

> Este es mi razonamiento...

Sé que una caja cuesta $54.
Hay 2 filas de 3 juegos en una caja.

Primero, necesito hallar la cantidad total de juegos en una caja.

Multiplicaré la cantidad de filas por la cantidad de juegos en cada fila.

$2 \times 3 = 6$ Hay 6 juegos en una caja.

Luego, **dividiré** el costo de una caja por la cantidad total de juegos para hallar el costo de cada juego.

$54 \div 6 = 9 Cada juego cuesta $9.

¡Convénceme! **Entender y perseverar** ¿Cómo puedes comprobar si el trabajo y la respuesta anteriores tienen sentido?

☆Práctica guiada

Entender y perseverar

Doce amigos fueron de campamento. Todos fueron a caminar por los senderos menos 4 de ellos. Los senderistas llevaron 32 botellas de agua. Cada senderista llevó la misma cantidad de botellas. ¿Cuántas botellas de agua llevó cada senderista?

Si no puedes seguir adelante, puedes perseverar. Piensa: ¿Tiene sentido la estrategia que uso?

1. Di lo que sabes. Luego, explica lo que necesitas hallar primero para resolver el problema.

2. Di qué operaciones vas a usar. Luego, resuelve el problema.

☆Práctica independiente☆

Entender y perseverar

Cuatro estudiantes fueron a jugar bolos. Jugaron 2 juegos cada uno. El costo fue de $5 por juego. ¿Cuánto dinero gastaron los estudiantes en jugar bolos? Explícalo.

3. Di lo que sabes. Luego, explica lo que necesitas hallar primero para resolver el problema.

4. Di qué operaciones vas a usar. Luego, resuelve el problema.

5. ¿Cómo puedes comprobar si está bien lo que has hecho?

Resolución de problemas

 Tarea de rendimiento

Feria del condado

La tabla muestra los precios en la feria del condado. El Sr. Casey gastó $24 en boletos de entrada para él y los niños de su grupo. ¿Cuántos niños hay en su grupo? Responde a los Ejercicios **6** a **9** para resolver el problema.

	Feria del condado	
Tipo de boleto	**Adultos**	**Niños**
Entrada	$8	$4
Paseo en bote	$2	$1

6. **Entender y perseverar** ¿Qué sabes? ¿Qué se te pide que halles?

7. **Hacerlo con precisión** ¿Por qué es importante saber qué tipo de boletos compró el Sr. Casey?

8. **Evaluar el razonamiento** Daniel dice que hay 6 niños en el grupo del Sr. Casey porque $24 \div $4 = 6$. ¿Tiene sentido el razonamiento de Daniel? Explícalo.

Al entender un problema, puedes pensar si has resuelto antes un problema parecido.

9. **Razonar** Resuelve el problema y escribe una ecuación para cada paso y explícalo.

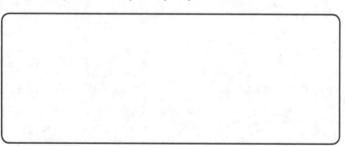

Emparéjalo

Trabaja con un compañero. Señala una pista.

Lee la pista.

Mira la tabla de la parte de abajo de la página y busca la pareja de esa pista. Escribe la letra de la pista en la casilla al lado de su pareja.

Halla una pareja para cada pista.

Puedo...
sumar y restar hasta 100.

También puedo construir argumentos matemáticos.

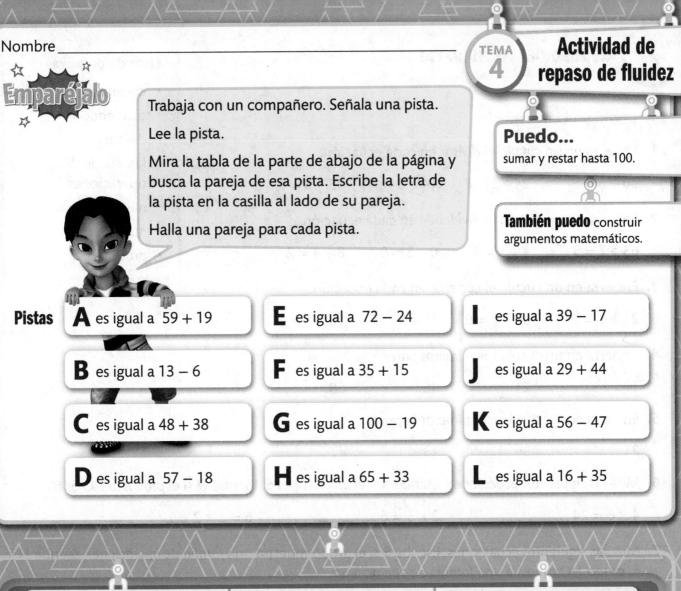

Pistas

A es igual a 59 + 19

E es igual a 72 − 24

I es igual a 39 − 17

B es igual a 13 − 6

F es igual a 35 + 15

J es igual a 29 + 44

C es igual a 48 + 38

G es igual a 100 − 19

K es igual a 56 − 47

D es igual a 57 − 18

H es igual a 65 + 33

L es igual a 16 + 35

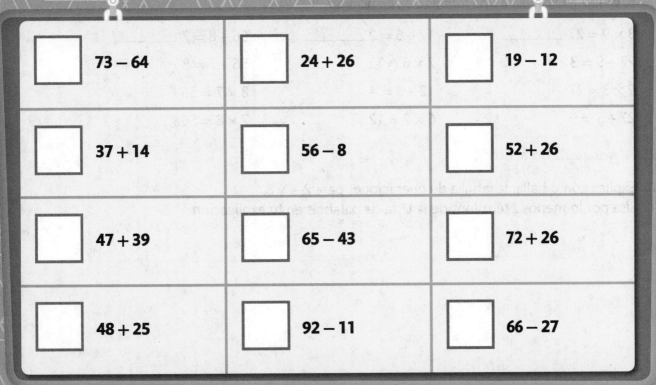

☐ 73 − 64	☐ 24 + 26	☐ 19 − 12
☐ 37 + 14	☐ 56 − 8	☐ 52 + 26
☐ 47 + 39	☐ 65 − 43	☐ 72 + 26
☐ 48 + 25	☐ 92 − 11	☐ 66 − 27

Repaso del vocabulario

Glosario

Lista de palabras

- cociente
- dividendo
- divisor
- familia de operaciones
- número impar
- número par
- producto

Comprender el vocabulario

1. Encierra en un círculo el *divisor* en cada ecuación.

$30 \div 6 = 5$ $24 \div 3 = 8$ $14 \div 2 = 7$ $45 \div 5 = 9$

2. Encierra en un círculo el *dividendo* en cada ecuación.

$63 \div 7 = 9$ $4 \div 1 = 4$ $0 \div 5 = 0$ $8 \div 4 = 2$

3. Encierra en un círculo el *cociente* en cada ecuación.

$21 \div 3 = 7$ $54 \div 9 = 6$ $15 \div 5 = 3$ $16 \div 8 = 2$

4. Encierra en un círculo los *números pares*.

19   24   45   68

5. Encierra en un círculo los *números impares*.

21   36   13   47

6. Mira las siguientes ecuaciones. Escribe **S** si el *producto* es 6. Escribe **N** si el *producto* NO es 6.

$4 \times 6 = 24$ _____ $2 \times 3 = 6$ _____ $6 = 3 \times 2$ _____

7. Mira las siguientes ecuaciones. Escribe **S** si el grupo muestra una *famila de operaciones*. Escribe **N** si el grupo NO muestra una *familia de operaciones*.

$3 \times 9 = 27$ _____ $12 \div 6 = 2$ _____ $56 \div 8 = 7$ _____

$27 \div 9 = 3$ $2 \times 6 = 12$ $56 \div 7 = 8$

$9 \times 3 = 27$ $12 \div 3 = 4$ $8 \times 7 = 56$

$27 \div 3 = 9$ $6 \times 2 = 12$ $7 \times 8 = 56$

Usar el vocabulario al escribir

8. Explica cómo hallar la familia de operaciones para 2, 4 y 8.
Usa por lo menos 2 términos de la Lista de palabras en tu explicación.

Nombre _____

Grupo A páginas 117 a 120 _____

Mónica tiene 24 sillas que quiere ordenar en 3 filas iguales. Puedes usar una matriz para hallar la cantidad de sillas por fila.

Esta matriz muestra la relación entre la multiplicación y la división.

3 filas de 8   24 en 3 filas iguales

$3 \times 8 = 24$ $24 \div 3 = 8$

Una familia de operaciones muestra cómo se relacionan la multiplicación y la división.

Familia de operaciones para 3, 8 y 24:

$3 \times 8 = 24$ $24 \div 3 = 8$

$8 \times 3 = 24$ $24 \div 8 = 3$

Recuerda que una familia de operaciones es un grupo de operaciones relacionadas que usan los mismos números.

Para **1** a **4**, escribe las otras tres operaciones de la familia de operaciones.

1. $3 \times 7 = 21$

2. $5 \times 3 = 15$

3. $8 \times 6 = 48$

4. $4 \times 5 = 20$

Grupo B páginas 121 a 124 _____

Puedes usar la multiplicación para resolver problemas de división.

Héctor tiene 24 naranjas. Coloca 4 naranjas en cada canasta. ¿Cuántas canastas necesita Héctor para todas las naranjas?

¿Qué número multiplicado por 4 es igual a 24?

$6 \times 4 = 24$

$24 \div 4 = 6$

Héctor necesita 6 canastas.

Recuerda que puedes usar la multiplicación como ayuda para dividir.

Para **1** y **2**, resuelve los problemas. Escribe la operación de multiplicación y la operación de división que usaste para resolver el problema.

1. Sally tiene 32 flores. Coloca 8 flores en cada florero. ¿Cuántos floreros necesita para colocar todas las flores?

2. Juan tiene 18 duraznos. Usa 3 duraznos para preparar una tarta de duraznos. ¿Cuántas tartas de duraznos puede preparar si usa todos los duraznos?

Boris ordena 42 libros en estantes. Coloca 6 libros en cada estante. ¿Cuántos estantes necesita Boris?

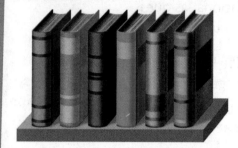

¿Qué número multiplicado por 6 es igual a 42?

$7 \times 6 = 42$

$42 \div 6 = 7$

Boris necesita 7 estantes.

¿Cuántos estantes necesitará Boris si coloca 7 libros en cada estante?

¿Qué número multiplicado por 7 es igual a 42?

$6 \times 7 = 42$

$42 \div 7 = 6$

Boris necesitará 6 estantes.

Recuerda que puedes usar las operaciones de multiplicación con 6 y 7 como ayuda para dividir por 6 y 7.

Para **1** a **3**, resuelve los problemas. Escribe la operación de multiplicación y la operación de división que usaste para resolver el problema.

1. 36 corredores participan en un maratón. Corren en grupos de 6. ¿Cuántos grupos hay?

2. Laura tiene 35 calcomanías de pájaros. Hay 5 calcomanías en cada hoja. ¿Cuántas hojas de calcomanías de pájaros tiene?

3. Jake tiene 18 botes a control remoto para repartir por igual entre 6 amigos. ¿Cuántos botes recibirá cada amigo?

Lu hizo 9 pulseras. Usó 72 cuentas. Usó la misma cantidad de cuentas en cada pulsera. ¿Cuántas cuentas usó Lu para cada pulsera?

72 cuentas

?	?	?	?	?	?	?	?	?

↑
**? cuentas
para una pulsera**

¿Qué número multiplicado por 9 es igual a 72?

$9 \times 8 = 72$

$72 \div 9 = 8$

Lu usó 8 cuentas para cada pulsera.

Recuerda que puedes usar las operaciones de multiplicación con 8 y 9 como ayuda para dividir por 8 y 9.

Para **1** a **5**, escribe la multiplicación relacionada que se puede usar para completar las operaciones de división. Luego, halla los cocientes.

1. $54 \div 9 = $ _____   _____ × _____ = _____

2. $64 \div 8 = $ _____   _____ × _____ = _____

3. $36 \div 9 = $ _____   _____ × _____ = _____

4. $56 \div 8 = $ _____   _____ × _____ = _____

5. $72 \div 8 = $ _____   _____ × _____ = _____

Grupo E páginas 133 a 136 _____

Un número entero es **par** si es divisible por 2 sin que sobre nada.

Un número entero es **impar** si no es divisible por 2 sin que sobre nada.

¿Qué producto es par? ¿Qué producto es impar?

$3 \times 7 = $ producto $5 \times 8 = $ producto
        impar   par

Todos los números pares se pueden considerar como 2 grupos iguales.

Si al menos un factor es par, el producto es par.

Recuerda que puedes pensar en dividir por 2 para averiguar si un número es par o impar.

Para **1** a **3**, encierra en un círculo los factores que son divisibles por 2. Luego, encierra en un círculo par o impar para describir el producto.

1. $6 \times 4 = ?$ **par**   **impar**

2. $9 \times 1 = ?$ **par**   **impar**

3. $8 \times 7 = ?$ **par**   **impar**

Grupo F páginas 137 a 140 _____

Halla $5 \div 1$. Cinco plantas se dividen en grupos de 1.

¿Qué número multiplicado por 1 es igual a 5?

$5 \times 1 = 5$ Por tanto, $5 \div 1 = 5$.

Halla $0 \div 8$.

$8 \times 0 = 0$ Por tanto, $0 \div 8 = 0$.

Recuerda que cualquier número dividido por 1 es ese mismo número. Cualquier número (excepto el 0) dividido por sí mismo es 1. Cero dividido por cualquier número (excepto el 0) es 0.

Para **1** a **3**, usa la división para resolver los problemas.

1. $0 \div 16 = $ _____

2. $10 \div 10 = $ _____

3. Luis tenía 4 naranjas. Le dio una naranja a cada uno de sus 4 amigos. ¿Cuántas naranjas recibió cada amigo? Escribe una ecuación para mostrar tu respuesta.

Grupo G páginas 141 a 144 _____

¿Cuántos grupos de 4 hay en 24?

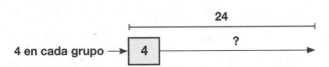

Puedes usar operaciones de multiplicación.

$? \times 4 = 24$ $6 \times 4 = 24$

Hay 6 grupos de 4 en 24.

Recuerda que puedes usar diagramas de barras u operaciones de multiplicación como ayuda para resolver un problema de división.

Para **1** y **2**, usa operaciones de multiplicación y división relacionadas para resolver los problemas

1. $21 \div 7 = $_____   2. $5 \times $_____ $= 45$

    $7 \times $_____ $= 21$ $45 \div 5 = $ _____

Mira la ecuación $3 \times ? = 15$.

? representa un número desconocido.

Lee la ecuación de esta forma:

"Multiplica 3 por un número. El resultado es 15". Luego, halla el valor de la incógnita. Piensa en una operación que use los números de la ecuación.

$3 \times 5 = 15$; por tanto, el número desconocido es 5.

Recuerda que puedes usar operaciones de multiplicación y división para hallar el valor de una incógnita.

Para **1** a **6**, halla el valor de la incógnita.

1. $? \div 2 = 6$ **2.** $7 \times ? = 42$

3. $20 = 4 \times ?$ **4.** $9 = ? \div 3$

5. $16 \div ? = 2$ **6.** $24 \div ? = 6$

Piensa en estas preguntas como ayuda para **entender problemas y perseverar en resolverlos.**

Hábitos de razonamiento

- ¿Qué necesito hallar?
- ¿Qué sé?
- ¿Cuál es mi plan para resolver el problema?
- ¿Qué más puedo intentar si no puedo seguir adelante?
- ¿Cómo puedo comprobar si mi solución tiene sentido?

Recuerda que debes usar la información de cada paso para resolver el problema.

Para **1** y **2**, responde a las preguntas para resolver un problema de dos pasos.

Catorce amigos fueron a una feria del condado. Todos excepto 6 compraron un *hot dog*. Cada *hot dog* costó $3. ¿Cuánto gastaron los amigos en *hot dogs*?

1. Di lo que sabes. Luego, explica qué necesitas hallar primero para resolver el problema.

2. Di qué operaciones vas a usar y, luego, resuelve el problema.

Nombre _____

1. A. Elena escribió una operación de multiplicación y una operación de división para la siguiente matriz. Escoge todas las ecuaciones que muestran una operación que Elena puede haber escrito.

☐ $5 \times 9 = 45$

☐ $5 \times 5 = 25$

☐ $45 \div 5 = 9$

☐ $10 \times 5 = 50$

☐ $50 \div 5 = 10$

B. Observa la multiplicación que seleccionaste en la **Parte A**. ¿Cuál de estas opciones es una manera de reescribir su producto?

Ⓐ $(5 \times 3) + (5 \times 4)$

Ⓑ $(5 \times 5) + (5 \times 4)$

Ⓒ $(5 \times 5) + (5 \times 2)$

Ⓓ $5 \times 5 \times 4$

2. Carl escribió tres ecuaciones. ¿Qué número hace que todas las ecuaciones de Carl sean verdaderas?

$14 = ? \times 2$

$56 \div 8 = ?$

$? \times ? = 49$

3. Si un grupo de objetos se divide en dos grupos iguales y sobra 1 objeto. ¿La cantidad de objetos es par o impar? ¿Cuál podría ser el total de objetos? Usa un dibujo para explicarlo.

4. La Srta. Ruiz escribió la expresión 6×3 en el pizarrón. ¿Cuál de las siguientes expresiones tiene el mismo valor?

Ⓐ $(3 \times 3) + (3 \times 1)$

Ⓑ $(6 \times 2) + (6 \times 1)$

Ⓒ $(6 \times 0) + (6 \times 4)$

Ⓓ $(4 \times 3) + (5 \times 3)$

5. A. El Sr. Vargas compra equipos de computación usados. Compra 3 teclados y 4 ratones. Gasta $42. Si todos los artículos cuestan lo mismo, ¿cuánto cuesta cada artículo?

B. El Sr. Vargas decide comprar más teclados, que cuestan otros $12 en total. ¿Cuántos teclados más compró?

6. Mira las siguientes fichas.

A. Traza líneas rectas alrededor de las fichas para representar $12 \div 6$.

B. Escribe una multiplicación relacionada con el dibujo que completaste en la **Parte A**.

7. Empareja cada expresión de la izquierda con una expresión de la derecha que sea equivalente.

	9 ÷ 1	0 ÷ 3	1 × 6	7 ÷ 7
8 ÷ 8	☐	☐	☐	☐
0 × 7	☐	☐	☐	☐
24 ÷ 4	☐	☐	☐	☐
27 ÷ 3	☐	☐	☐	☐

8. A. Peter escribió cinco números. ¿Cuál de los números que escribió Peter puede dividirse en 7 grupos iguales sin que sobre nada? Selecciona todos los que apliquen.

☐ 56   ☐ 35   ☐ 52

☐ 27   ☐ 42

B. ¿Cómo puedes asegurarte de que los números que escogiste son divisibles por 7?

Ⓐ Revisar que cada número sea par.

Ⓑ Revisar que cada número sea impar.

Ⓒ Usar la multiplicación para multiplicar 0 por un número y determinar si es igual al número que escogiste.

Ⓓ Usar la multiplicación para multiplicar 7 por un número y determinar si es igual al número que escogiste.

9. Crystal dibujó el siguiente diagrama de barras para representar un problema de división. Escribe una ecuación de multiplicación que Crystal puede usar como ayuda para resolver el problema.

35				
?	?	?	?	?

10. A. Javier dividió su colección de muñecos de juguete en 2 grupos iguales. ¿Qué opción describe la cantidad de muñecos de juguete que tiene Javier?

Ⓐ Es un número par.

Ⓑ Es un número impar.

B. Javier encuentra 2 muñecos más. Selecciona todos los enunciados verdaderos.

☐ Incluyendo los muñecos que encontró, Javier tiene un número par de muñecos.

☐ Incluyendo los muñecos que encontró, Javier tiene un número impar de muñecos.

☐ Javier puede dividir todos sus muñecos en 2 grupos iguales.

☐ Ahora Javier podría tener un total de 6 muñecos de juguete en su colección.

☐ Ahora Javier podría tener un total de 6 muñecos de juguete en su colección.

11. Mandy quiere hallar $6 \div 0$. Dice que la respuesta es 6 porque $6 \times 0 = 6$. ¿Tiene razón Mandy? Explícalo.

12. Luz tiene 36 lápices de colores. Agrupa sus lápices en 6 grupos.

A. Escribe una expresión que represente cuántos lápices de colores hay en cada grupo.

B. ¿Cuántos hay en cada grupo?

13. Kira tiene 63 hojas de papel reciclado. Le da la misma cantidad de hojas a cada uno de sus 9 amigos. ¿Cuántas hojas le da Kira a cada amigo? Usa el diagrama de barras como ayuda.

63 hojas								
?	?	?	?	?	?	?	?	?

Ⓐ 6   Ⓒ 8

Ⓑ 7   Ⓓ 9

14. Julio tiene 4 clases. Para cada clase necesita 3 carpetas. Halla cuántas carpetas necesita en total. Luego, escribe la familia de operaciones relacionadas con esta situación.

15. A. Gerardo escribió 4 oraciones verdaderas sobre productos pares e impares. Selecciona todas las oraciones verdaderas.

☐ Un número par multiplicado por un número par da un producto par.

☐ Un número par multiplicado por un número impar da un producto par.

☐ Un número impar multiplicado por un número impar da un producto impar.

☐ Un número impar multiplicado por un número par da un producto impar.

☐ Si un factor es par, entonces el producto es par.

B. Observa la oración que **NO** escogiste en la **Parte A**. Explica por qué no es verdadera dando un ejemplo.

16. ¿Qué número hace que las dos ecuaciones sean verdaderas?

$$18 \div 9 = ? \qquad ? \times 9 = 18$$

17. Ana dibujó el diagrama de barras que se encuentra a continuación. Escribe dos ecuaciones que podrían usarse para representar el problema que muestra el diagrama de barras. Luego, resuelve las ecuaciones.

18		
?	?	?

18. Una artista de globos quiere hacer 6 animales diferentes con globos. Necesita 4 globos para hacer cada animal. Si los globos vienen en paquetes de 8, ¿cuántos paquetes necesita comprar?

Di qué operaciones vas a usar y luego resuelve el problema.

Nombre _____

Carrera de relevos

La Sra. Azevedo enseña clases de educación física. Está organizando
una carrera de relevos para la escuela. Cada grado forma equipos y
cada estudiante está en 1 equipo.

Detalles de la carrera

• El campo mide 40 pies de ancho.
• A cada corredor le asigna un carril.
• La Sra. Azevedo tiene 7 trofeos.

Usa la lista de **Detalles de la carrera** para responder a las siguientes
preguntas.

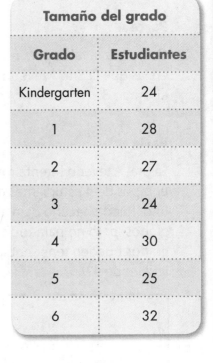

Tamaño del grado	
Grado	**Estudiantes**
Kindergarten	24
1	28
2	27
3	24
4	30
5	25
6	32

1. Cada carril debe tener el mismo ancho. La Sra. Azevedo
   quiere usar todo el ancho del campo para los carriles.
   ¿Qué ancho tendrá cada carril si la Sra. Azevedo coloca 10
   carriles? ¿Y 5 carriles? Usa operaciones de multiplicación
   como ayuda.

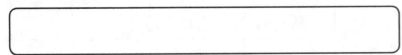

Usa la lista de **Detalles de la carrera** y la tabla **Tamaño del grado**
para responder a la siguiente pregunta.

2. Cada grado recibe la misma cantidad de trofeos. ¿Cuántos
   trofeos recibe cada grado? Escribe una operación de división y
   una operación de multiplicación relacionada que puedas usar
   para resolver el problema.

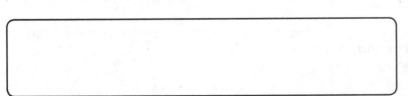

Usa la tabla **Tamaño del grado** para responder a la siguiente
pregunta.

3. La Sra. Azevedo se pregunta si cada equipo puede tener
   exactamente 2 personas. Explica si esto es posible o si no es
   posible.

Usa las tablas de **Tamaño del grado** y **Tamaños posibles del equipo del Grado 3** para responder a las siguientes preguntas. Usa operaciones de multiplicación relacionadas como ayuda.

4. La Sra. Azevedo asigna a más de 2 estudiantes por equipo. Cada equipo debe tener la misma cantidad de estudiantes.

Tamaños posibles del equipo del Grado 3	
Cantidad de estudiantes por equipo	Cantidad de equipos
4	
3	

Parte A

Completa la tabla para mostrar 4 maneras diferentes en las que la Sra. Azevedo puede formar equipos para el Grado 3.

Parte B

La Sra. Azevedo intenta formar equipos de 4 estudiantes cada uno. Puede hacerlo para algunos grados, pero no para todos. ¿Qué grados pueden tener equipos iguales de 4?

Tamaño del equipo			
Grado	Cantidad de estudiantes	Cantidad de estudiantes por equipo	Cantidad de equipos
Kindergarten	24		
1	28		
2	27		
3	24		
4	30		
5	25		
6	32		

Completa la tabla anterior que escribiste para los grados. Usa el mismo tamaño del equipo para cada uno de estos grados.

Parte C

En la tabla **Tamaño del equipo**, escribe los grados que **NO** incluiste en la Parte B.

Escoge tamaños de equipo que permitan que todos en estos grados puedan participar. Usa tamaños diferentes para cada grado y completa el resto de la tabla.

Multiplicar y dividir con fluidez hasta 100

Pregunta esencial: ¿Cuáles son algunas estrategias para resolver operaciones de multiplicación y de división?

El estado del tiempo cambia todos los días y de lugar a lugar.

Los científicos buscan patrones del tiempo. ¡Estos patrones les ayudan a entender diferentes climas!

¡Predigo que usaré las matemáticas para entender el pronóstico del tiempo! Este es un proyecto sobre información del tiempo y operaciones básicas.

Proyecto de enVision STEM: Información del tiempo

Investigar Usa la Internet u otras fuentes para buscar cómo es el tiempo en distintos lugares de la Tierra. Busca cómo está el tiempo en diferentes momentos del día. Anota la temperatura de cada lugar. Si hay alguna condición, como lluvia o nieve, anótala también.

Diario: Escribir un informe Incluye lo que averiguaste. En tu informe, también:

- di cuántos lugares investigaste.

- di cuántas veces investigaste el tiempo en un día.

- escribe un cuento sobre multiplicación o división usando tu información. Luego, halla una respuesta a tu cuento.

Repasa lo que sabes

(A-Z) Vocabulario

Escoge el mejor término del recuadro.
Escríbelo en el espacio en blanco.

• cociente	• factor
• dividendo	• producto
• divisor	

1. La respuesta a una división
   es el _____.

2. Un _____ es la respuesta a una multiplicación.

3. El _____ es el número que se divide en grupos iguales en una división.

4. Multiplica un factor por un _____ para resolver una multiplicación.

Multiplicación

5. $6 \times 2 =$ ____

6. $5 \times 1 =$ ____

7. $4 \times 10 =$ ____

8. $7 \times 5 =$ ____

9. $4 \times 4 =$ ____

10. $9 \times 3 =$ ____

11. Las naranjas de una tienda están organizadas en 7 filas y 8 columnas. ¿Cuántas naranjas hay?

División

12. $60 \div 6 =$ ____

13. $25 \div 5 =$ ____

14. $12 \div 3 =$ ____

15. $30 \div 6 =$ ____

16. $14 \div 2 =$ ____

17. $9 \div 3 =$ ____

18. Si se ordenan 28 estampillas en una matriz de 4 columnas, ¿cuántas filas hay?

La propiedad distributiva

19. Explica cómo se pueden usar operaciones de multiplicación del 2 para hallar 4×9.

Nombre _____

PROYECTO
5A

¿Cuántos libros hay en una biblioteca?

Proyecto: Diseña una biblioteca

PROYECTO
5B

¿Cómo usarías los cubos numéricos?

Proyecto: Haz un juego de multiplicación

PROYECTO
5C

¿Preferirías usar una bicicleta o una "tricicleta"?

Proyecto: Crea una tabla de bicicletas

MATEMÁTICAS EN 3 ACTOS: VISTAZO

Representación matemática

Los palitos de queso

Video

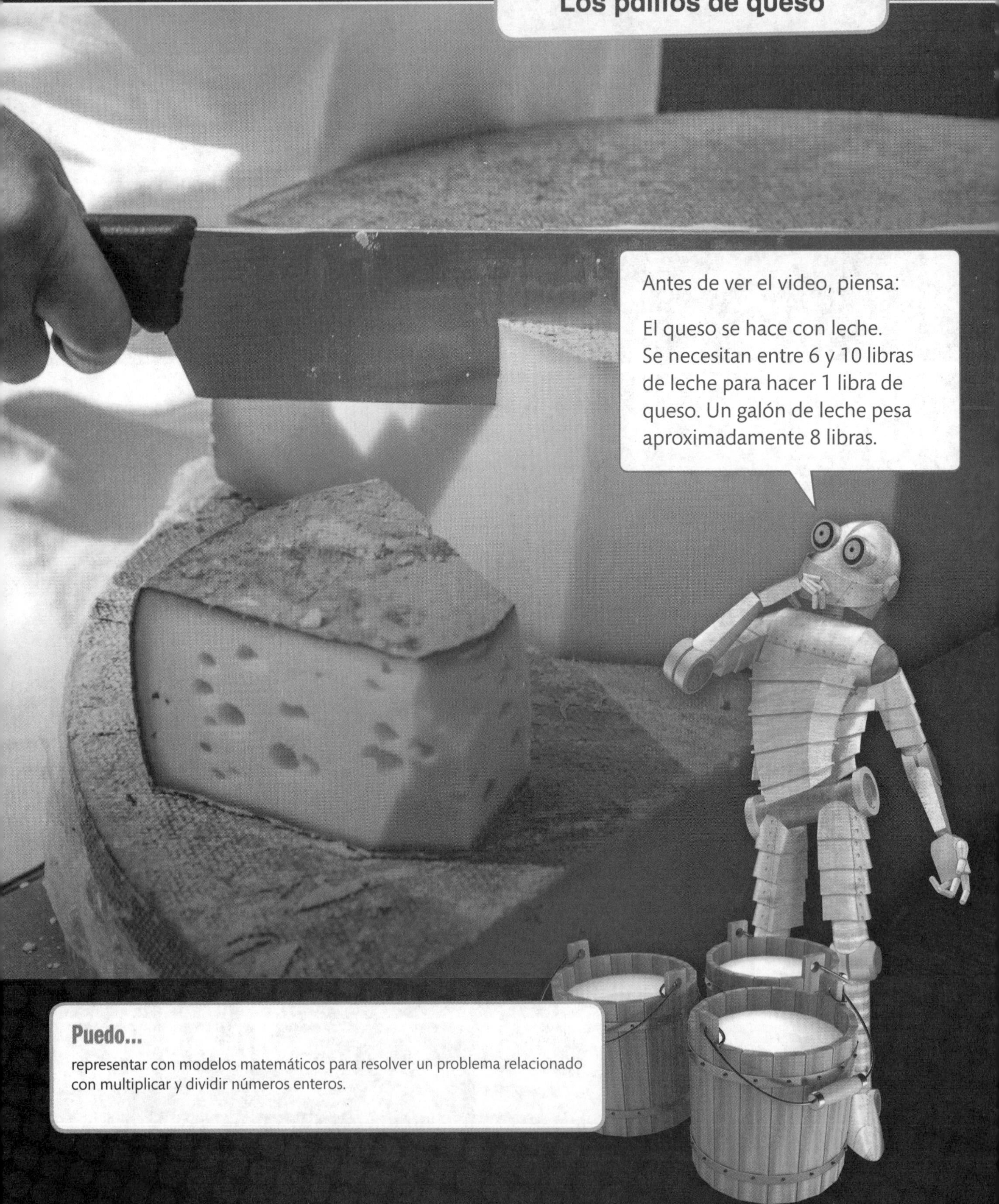

Antes de ver el video, piensa:

El queso se hace con leche. Se necesitan entre 6 y 10 libras de leche para hacer 1 libra de queso. Un galón de leche pesa aproximadamente 8 libras.

Puedo...

representar con modelos matemáticos para resolver un problema relacionado con multiplicar y dividir números enteros.

Nombre _____

Resuélvelo y coméntalo

Max halló $6 \times 8 = 48$. Notó que $(6 \times 4) + (6 \times 4)$ también es igual a 48. Usa la tabla de multiplicar para hallar otras dos operaciones que sumen 48. Usa operaciones con los factores 6 u 8. ¿Qué patrón ves?

Puedo...
usar la estructura y las propiedades para explicar patrones en las operaciones de multiplicación.

También puedo buscar patrones para resolver problemas.

×	0	1	2	3	4	5	6	7	8
0	0	0	0	0	0	0	0	0	0
1	0	1	2	3	4	5	6	7	8
2	0	2	4	6	8	10	12	14	16
3	0	3	6	9	12	15	18	21	24
4	0	4	8	12	16	20	24	28	32
5	0	5	10	15	20	25	30	35	40
6	0	6	12	18	24	30	36	42	48
7	0	7	14	21	28	35	42	49	56
8	0	8	16	24	32	40	48	56	64

← Estos son factores

Estos son factores

Estos son productos

Puedes buscar relaciones. Usa la tabla de multiplicar para hacer conexiones.

¡Vuelve atrás! ¿Cómo te puede ayudar una tabla de multiplicar a hallar productos que, cuando se suman, son iguales a 48?

Pregunta esencial

¿Cómo puedes explicar los patrones en la tabla de multiplicar?

A

Yolanda observó que 4 × 6 es el doble de 2 × 6. ¿Cómo puedes explicar esto?

Puedes usar la tabla de multiplicar para hallar patrones.

×	1	2	3	4	5	6	7	8	9
1	1	2	3	4	5	6	7	8	9
2	2	4	6	8	10	12	14	16	18
3	3	6	9	12	15	18	21	24	27
4	4	8	12	16	20	24	28	32	36
5	5	10	15	20	25	30	35	40	45
6	6	12	18	24	30	36	42	48	54

B

4 es el doble de 2.

Por tanto, 4 × 6 es el doble de 2 × 6.

Puedes usar la propiedad distributiva de la multiplicación para explicarlo.

$4 × 6 = (2 × 6) + (2 × 6)$
$4 × 6 = \quad 12 \quad + \quad 12$
$4 × 6 = \qquad\quad 24$

C

Mira las filas resaltadas.

El producto de cualquier número multiplicado por 4 será el doble del producto de ese número multiplicado por 2.

×	1	2	3	4	5	6	7	8	9
1	1	2	3	4	5	6	7	8	9
2	2	4	6	8	10	12	14	16	18
3	3	6	9	12	15	18	21	24	27
4	4	8	12	16	20	24	28	32	36
5	5	10	15	20	25	30	35	40	45
6	6	12	18	24	30	36	42	48	54

Se pueden usar las propiedades para entender un patrón y para comprobar si siempre es verdadero.

¡Convénceme! **Buscar relaciones** Mira las filas resaltadas de los números multiplicados por 2 o 4. ¿Qué patrón horizontal ves en las filas?

☆Práctica guiada

¿Lo entiendes?

1. ¿Cómo se relacionan 3×7 y 6×7?

2. En la tabla de la página anterior, ¿el patrón que encontró Yolanda también es verdadero para factores que se multiplican por 3 y por 6? Explícalo.

¿Cómo hacerlo?

Para **3** y **4**, usa la tabla de multiplicar de la parte inferior de la página.

3. ¿Qué patrón ves en las columnas y filas que tienen el 0 como factor?

4. Usa una propiedad para explicar por qué este patrón es verdadero.

☆Práctica independiente

Para **5** a **8**, usa la tabla de multiplicar que se muestra a la derecha.

5. Mira los productos coloreados. ¿Qué patrón ves?

6. Escribe la ecuación de cada producto coloreado.

7. Mira los factores que escribiste. Usa una propiedad para explicar por qué el patrón de los productos es verdadero.

×	0	1	2	3	4	5	6	7	8	9
0	0	0	0	0	0	0	0	0	0	0
1	0	1	2	3	4	5	6	7	8	9
2	0	2	4	6	8	10	12	14	16	18
3	0	3	6	9	12	15	18	21	24	27
4	0	4	8	12	16	20	24	28	32	36
5	0	5	10	15	20	25	30	35	40	45
6	0	6	12	18	24	30	36	42	48	54
7	0	7	14	21	28	35	42	49	56	63
8	0	8	16	24	32	40	48	56	64	72
9	0	9	18	27	36	45	54	63	72	81

8. Colorea una línea en la tabla de multiplicar para mostrar que este patrón es verdadero para otros productos.

Una tabla de multiplicar te ayuda a ver muchos productos al mismo tiempo.

Resolución de problemas

9. enVision® STEM ¿Cuántos brazos tienen 9 estrellas de mar si...

a cada estrella de mar tiene 6 brazos? Escribe una ecuación de multiplicación para resolverlo.

b cada estrella de mar tiene 7 brazos? Escribe una ecuación de multiplicación para resolverlo.

6 brazos 7 brazos

10. Razonamiento de orden superior

Karen encontró un patrón en la tabla de multiplicar. ¿Qué patrón encontró? Explica por qué el patrón es verdadero.

×	1	2	3	4	5	6	7	8
3	3	6	9	12	15	18	21	24
6	6	12	18	24	30	36	42	48

11. Escribe la familia de operaciones para cada operación: 2×0, 2×1, 2×2, 2×3, 2×4, 2×5, 2×6, 2×7, 2×8, 2×9 y 2×10.

12. Hacerlo con precisión Describe el patrón que ves en la fila del 9 en la tabla de multiplicar.

☑ Práctica para la evaluación

13. En la siguiente tabla de multiplicar hay una fila y una columna coloreadas.

×	0	1	2	3	4	5	6	7	8	9
0	0	0	0	0	0	0	0	0	0	0
1	0	1	2	3	4	5	6	7	8	9
2	0	2	4	6	8	10	12	14	16	18
3	0	3	6	9	12	15	18	21	24	27
4	0	4	8	12	16	20	24	28	32	36
5	0	5	10	15	20	25	30	35	40	45
6	0	6	12	18	24	30	36	42	48	54
7	0	7	14	21	28	35	42	49	56	63
8	0	8	16	24	32	40	48	56	64	72
9	0	9	18	27	36	45	54	63	72	81

← Estos son factores.

↑ Estos son factores.   ↑ Estos son productos.

¿Qué patrón y propiedad de las operaciones se muestran en la fila y la columna coloreadas?

Ⓐ Todos los productos son iguales al factor que se multiplica por 1; la propiedad de identidad de la multiplicación.

Ⓑ Los productos de la fila coloreada son equivalentes a los productos de la columna coloreada; la propiedad del cero en la multiplicación.

Ⓒ Cada producto es 1 mayor que el producto anterior; la propiedad distributiva.

Ⓓ No hay patrones ni propiedades.

Nombre _____

Resuélvelo *y* **coméntalo**

Halla 18 ÷ 3 de la manera que prefieras.

Puedes razonar.
Piensa en cómo se relacionan las cantidades en la división.

×	0	1	2	3	4	5	6	7	8	9	10
0	0	0	0	0	0	0	0	0	0	0	0
1	0	1	2	3	4	5	6	7	8	9	10
2	0	2	4	6	8	10	12	14	16	18	20
3	0	3	6	9	12	15	18	21	24	27	30
4	0	4	8	12	16	20	24	28	32	36	40
5	0	5	10	15	20	25	30	35	40	45	50
6	0	6	12	18	24	30	36	42	48	54	60
7	0	7	14	21	28	35	42	49	56	63	70
8	0	8	16	24	32	40	48	56	64	72	80
9	0	9	18	27	36	45	54	63	72	81	90
10	0	10	20	30	40	50	60	70	80	90	100

Puedo...
razonar y usar la relación entre la multiplicación y la división para hallar operaciones básicas.

También puedo razonar sobre las matemáticas.

¡Vuelve atrás! Describe otra manera de hallar 18 ÷ 3.

Pregunta esencial

¿Cómo puedes usar una tabla de multiplicar para resolver divisiones?

A

Escribe una ecuación en la que falte un factor y luego usa la tabla de multiplicar para hallar 15 ÷ 3.

×	0	1	2	3	4	5
0	0	0	0	0	0	0
1	0	1	2	3	4	5
2	0	2	4	6	8	10
3	0	3	6	9	12	15

$15 \div 3 = ?$

$3 \times ? = 15$

¿3 por qué número es igual a 15?

Mira el lugar donde se intersecan las filas y las columnas en una tabla de multiplicar para resolver una división.

B **Paso 1**

Sabes que uno de los factores es 3. Busca el 3 en la primera columna de esta tabla de multiplicar.

×	0	1	2	3	4	5
0	0	0	0	0	0	0
1	0	1	2	3	4	5
2	0	2	4	6	8	10
3	0	3	6	9	12	15

C **Paso 2**

Sabes que el producto es 15. Sigue la fila en la que está el 3 hasta llegar a 15.

×	0	1	2	3	4	5
0	0	0	0	0	0	0
1	0	1	2	3	4	5
2	0	2	4	6	8	10
3	0	3	6	9	12	15

D **Paso 3**

Mira hacia arriba hasta llegar a la parte superior de la columna en la tabla. El número que aparece en la parte superior de la columna es 5. El factor que falta es 5.

$3 \times 5 = 15$ $15 \div 3 = 5$

×	0	1	2	3	4	5
0	0	0	0	0	0	0
1	0	1	2	3	4	5
2	0	2	4	6	8	10
3	0	3	6	9	12	15

¡Convénceme! **Razonar** Escribe una ecuación en la que falte un factor y usa la tabla de multiplicar anterior para resolver cada división.

$6 \div 3 = ?$ $12 \div 3 = ?$ $9 \div 3 = ?$

Otro ejemplo

¿Cómo puedes hallar los números que faltan en la tabla?

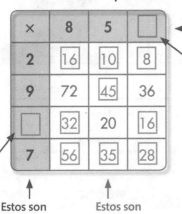

×	8	5	☐
2	16	10	8
9	72	45	36
☐	32	20	16
7	56	35	28

← Estos son factores.

$4 \times 5 = 20$, por tanto, $20 \div 5 = 4$.

Estos son factores.

Estos son productos.

Puedes pensar en la multiplicación o la división para hallar los factores que faltan.

$36 \div 9 = 4$; por tanto, $9 \times 4 = 36$.

$2 \times 8 = 16$	$2 \times 5 = 10$	$2 \times 4 = 8$
$9 \times 5 = 45$	$4 \times 8 = 32$	$4 \times 4 = 16$
$7 \times 8 = 56$	$7 \times 5 = 35$	$7 \times 4 = 28$

☆ Práctica guiada

¿Lo entiendes?

1. Describe cómo se usa una tabla de multiplicar para resolver una ecuación en la que falta un factor.

¿Cómo hacerlo?

Para **2** a **5**, halla el valor que hace que las ecuaciones sean correctas. Usa la tabla de multiplicar como ayuda.

2. $24 \div 6 =$ _____

$24 = 6 \times$ _____

3. $63 \div 9 =$ _____

$9 \times$ _____ $= 63$

4. $25 \div 5 =$ _____

$5 \times$ _____ $= 25$

5. $42 \div 7 =$ _____

$42 = 7 \times$ _____

☆ Práctica independiente

Para **6** y **7**, halla los factores y los productos que faltan.

6.

×	☐	5	☐
2			
☐		25	
6	48		42
☐		45	

7.

×	☐	☐	9
4	12		
☐			54
3		6	
☐			72

Resolución de problemas

8. Algunos miembros del Club de aves usaron una tabla de conteo para anotar cuántas aves diferentes vio cada uno en un día. Completa los espacios en blanco para que la oración sea correcta.

_____ vio 4 aves más que

_____.

9. Completa la tabla para mostrar que el Sr. Molina vio 5 aves menos que el Sr. Dobbs y la Srta. Simmons juntos.

Aves vistas	
Sra. Chester	||||| ||
Sr. Dobbs	||||
Srta. Simmons	||||| |||||	
Sr. Molina	_____

---

10. Evaluar el razonamiento Bill usó una tabla de multiplicar para hallar el valor de $12 \div 6$. Su respuesta fue 3. ¿Estás de acuerdo? ¿Por qué?

11. Escribe la familia de operaciones para cada operación: 5×0, 5×1, 5×2, 5×3, 5×4, 5×5, 5×6, 5×7, 5×8, 5×9 y 5×10.

---

12. Razonamiento de orden superior Brit usa una tabla de multiplicar para multiplicar 2 factores diferentes. Ella nota que el producto está en la misma columna que el número 35. ¿Cuál es uno de los factores en la multiplicación de Brit? Explica tu respuesta.

Piensa en lo que sabes y en lo que debes averiguar.

---

13. Usa la relación entre la multiplicación y la división para hallar el número que falta en $21 \div \square = 7$.

Ⓐ 1

Ⓑ 3

Ⓒ 7

Ⓓ 9

×	0	1	2	3	4	5	6	7
0	0	0	0	0	0	0	0	0
1	0	1	2	3	4	5	6	7
2	0	2	4	6	8	10	12	14
3	0	3	6	9	12	15	18	21
4	0	4	8	12	16	20	24	28
5	0	5	10	15	20	25	30	35
6	0	6	12	18	24	30	36	42
7	0	7	14	21	28	35	42	49
8	0	8	16	24	32	40	48	56
9	0	9	18	27	36	45	54	63

Nombre _____

Resuélvelo y coméntalo

Alfredo tiene 6 bolsas de naranjas. Cada bolsa contiene 7 naranjas. ¿Cuántas naranjas tiene Alfredo? Muestra 2 maneras de hallar la respuesta.

Puedo...
usar diferentes estrategias para resolver problemas de multiplicación.

También puedo buscar patrones para resolver problemas.

Puedes usar la estructura. Busca relaciones cuando uses fichas, dibujos, matrices, operaciones conocidas o cuentes salteado para ayudarte a resolver el problema.

¡Vuelve atrás! ¿Cómo puedes usar las estrategias de contar salteado, usar operaciones conocidas y hacer matrices como ayuda para resolver operaciones de multiplicación?

Pregunta esencial

¿Cómo usas las estrategias para multiplicar?

A

Un científico va en un bote para estudiar los tiburones martillo. La longitud de 6 tiburones martillo, si se alinean de nariz a cola y sin dejar espacios, es igual a la longitud del bote. ¿Cuánto mide el bote?

Un tiburón martillo adulto mide 5 yardas de longitud.

Dibujar, contar salteado, usar herramientas y usar las propiedades de las operaciones son estrategias que puedes usar para multiplicar grupos iguales.

B ## Una manera

Usa un diagrama de barras para hallar 6×5.

6×5 significa 6 grupos de 5. Cuenta de 5 en 5.

?

5	5	5	5	5	5
5	10	15	20	25	30

Por tanto, $6 \times 5 = 30$.

El bote mide 30 yardas de longitud.

C ## Otra manera

Usa fichas y propiedades para hallar 6×5.

Según la propiedad distributiva, puedes descomponer el problema en partes más pequeñas. Usa operaciones de multiplicación del 2 y del 4 como ayuda.

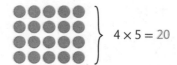 $2 \times 5 = 10$

$4 \times 5 = 20$

Luego, suma los dos productos: $10 + 20 = 30$. El bote mide 30 yardas de longitud.

¡Convénceme! **Usar la estructura** ¿Cómo te ayuda saber el producto de 5×6 para resolver 6×5?

☆Práctica guiada

¿Lo entiendes?

1. ¿Qué dos operaciones conocidas puedes usar para hallar 3 × 5?

2. ¿Cómo te ayuda saber que 7 × 5 = 35 para hallar 9 × 5?

¿Cómo hacerlo?

Para **3** a **8**, multiplica.

3. 6 × 4 = _____

4. _____ = 4 × 5

5. _____ = 9 × 3

6. 3 × 2 = _____

7.   1
      × 4

8.   9
      × 8

☆Práctica independiente

Para **9** a **25**, usa estrategias para hallar los productos.

9. _____ = 5 × 5

10. 9 × 2 = _____

11. _____ = 5 × 9

12. 8 × 7 = _____

13. _____ = 3 × 6

14. 8 × 4 = _____

15.   10
       × 4

16.   7
        × 6

17.   6
        × 5

18.   2
        × 8

19.   9
        × 0

20.   10
        × 6

21.   4
        × 9

22.   9
        × 7

23. ¿Cuánto es 4 × 6? _____

24. ¿Cuánto es 5 × 8? _____

25. ¿Cuánto es 10 × 1? _____

Resolución de problemas

Para **26** y **27**, usa las siguientes imágenes.

26. El Sr. Marks está estudiando 3 tiburones Macuira y 4 tiburones tigre. ¿Cuál es la longitud total de los 7 tiburones? Muestra tu estrategia.

27. Evaluar el razonamiento Kent razona que se puede hallar la longitud total de 4 tiburones Macuira usando la suma. ¿Es correcto su razonamiento? Explícalo.

Tiburón Macuira
2 yardas de longitud

Tiburón tigre
4 yardas de longitud

28. Escribe la familia de operaciones para cada operación: 3×0, 3×1, 3×2, 3×3, 3×4, 3×5, 3×6, 3×7, 3×8, 3×9 y 3×10.

29. Razonamiento de orden superior Muestra cómo puedes usar operaciones conocidas para hallar 11×9. Explica cómo escogiste las operaciones conocidas.

Práctica para la evaluación

30. ¿Qué opción muestra una manera de usar las propiedades de las operaciones para hallar 7×2?

Ⓐ $(5 \times 2) + (2 \times 2)$

Ⓑ $(7 + 2) + (7 + 2)$

Ⓒ $(7 \times 2) \times 2$

Ⓓ $7 \times (2 \times 2)$

31. ¿Qué ecuación de multiplicación podrías usar como ayuda para hallar $40 \div 8 = \boxed{}$?

Ⓐ $5 \times 5 = 25$

Ⓑ $8 \times 8 = 64$

Ⓒ $1 \times 8 = 8$

Ⓓ $8 \times 5 = 40$

Nombre _____

Resuélvelo y coméntalo

En el desfile del Festival del otoño, los miembros de un club de dueños de gatos y de un club de dueños de perros van a desfilar en filas iguales. Habrá 6 miembros en cada fila. ¿Cuántas filas de dueños de perros van a desfilar? ¿Cuántos miembros del club de dueños de gatos van a desfilar en total? Completa la tabla.

Puedo...
usar estrategias para resolver problemas verbales de multiplicación y división.

También puedo escoger y usar una herramienta matemática para ayudarme a resolver problemas.

Piensa en cómo puedes usar herramientas apropiadas para resolver el problema.

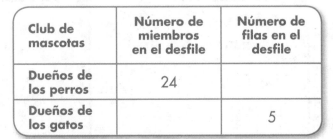

Club de mascotas	Número de miembros en el desfile	Número de filas en el desfile
Dueños de los perros	24	
Dueños de los gatos		5

¡Vuelve atrás! ¿Qué operaciones usaste para resolver el problema? Explica tu razonamiento.

Pregunta esencial

¿Cómo puedes resolver problemas verbales usando la multiplicación y la división?

A

Gina tiene 45 gorras. Pone 9 gorras en cada una de varias cajas. ¿Cuántas cajas llenará Gina?

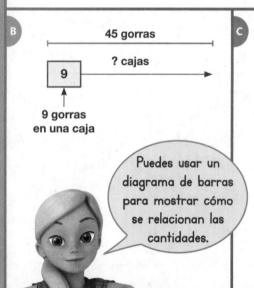

Hacer dibujos y escribir ecuaciones te puede ayudar cuando resuelves problemas de multiplicación y de división.

B

45 gorras

? cajas

9

9 gorras en una caja

Puedes usar un diagrama de barras para mostrar cómo se relacionan las cantidades.

C

Una manera

Piensa: ¿45 dividido por qué número es igual a 9?

$45 \div 5 = 9$

Hay 5 grupos de 9 en 45.

Gina puede dividir 45 gorras en 5 cajas con 9 gorras en cada una.

D

Otra manera

Puedes usar una operación relacionada.

Piensa: ¿9 veces qué número es igual a 45?

$9 \times 5 = 45$

Por tanto, $45 \div 9 = 5$.

Gina puede dividir 45 gorras en 5 cajas con 9 gorras en cada una.

¡Convénceme! **Generalizar** Krys tiene 42 gorras. Pone 6 gorras en cada una de varias cajas. ¿Puedes hallar cuántas cajas necesita usando las mismas estrategias que usaste en el ejemplo anterior? Explícalo.

☆ Práctica guiada

¿Lo entiendes?

1. ¿Por qué puedes usar la división para representar el problema de la página anterior?

2. Casey le da 27 calcomanías a 3 amigos. Ella escribe la ecuación 27 ÷ 3 = 9. ¿Qué representa el 9 en este problema?

¿Cómo hacerlo?

Para **3**, representa el problema con una ecuación o un diagrama de barras. Luego, resuélvelo.

3. Un tablero para jugar a las damas tiene 64 cuadrados y 8 filas. ¿Cuántas columnas tiene?

☆ Práctica independiente ☆

Para **4** y **5**, dibuja un diagrama de barras para representar los problemas. Luego, resuélvelos.

4. Hay 5 panqueques en una pila. Elisa prepara 40 panqueques. ¿Cuántas pilas prepara Elisa?

5. Un parque tiene 4 grupos de columpios. Cada grupo tiene 7 columpios. ¿Cuántos columpios hay en el parque?

Para **6** y **7**, escribe una ecuación con una incógnita para representar los problemas. Luego, resuélvelos.

6. La Sra. Jameson siembra 30 tulipanes en filas. Cada fila tiene 6 tulipanes. ¿Cuántas filas sembró la Sra. Jameson?

7. Bonnie compra 6 libros de pasta blanda y 2 libros de pasta dura por mes. ¿Cuántos libros compra en 4 meses?

Resolución de problemas

8. Julia tiene 24 flores en su jardín. Quiere darle la misma cantidad de flores a 4 familias de su vecindario. ¿Cuántas flores recibirá cada familia? Completa el diagrama de barras y escribe una ecuación para ayudarte a resolver este problema.

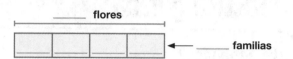

flores

familias

---

9. **Representar con modelos matemáticos**
Casey tiene 2 hermanas. Le dio a cada hermana 2 hojas de calcomanías. Cada hoja tiene 9 calcomanías. ¿Cuántas calcomanías les dio en total? Explica las matemáticas que usaste para resolver el problema.

10. Escribe la familia de operaciones para cada operación: 6×0, 6×1, 6×2, 6×3, 6×4, 6×5, 6×6, 6×7, 6×8, 6×9 y 6×10.

---

11. **Razonamiento de orden superior**
Veinticinco estudiantes están trabajando en equipos en un proyecto de ciencias. Cada equipo puede tener 2 o 3 estudiantes. ¿Cuál es la menor cantidad de equipos que puede haber?

¡Un dibujo te puede ayudar a resolver un problema!

✓ **Práctica para la evaluación**

12. Ocho microbuses van camino al zoológico. Hay 6 niños en cada microbús. ¿Cuántos niños van camino al zoológico?

Selecciona números y una operación del recuadro para completar una ecuación que se podría usar para resolver el problema. Luego, resuelve la ecuación.

2	4	6	8	+
48	68	86	88	×

? = ☐☐☐

? = ☐ niños

13. Noventa niños van camino a un museo. Pueden ir nueve niños en cada microbús. ¿Cuántos microbuses se necesitan?

Selecciona números y una operación del recuadro para completar una ecuación que se podría usar para resolver el problema. Luego, resuelve la ecuación.

3	6	9	10	÷
19	90	91	100	×

? = ☐☐☐

? = ☐ minibuses

Nombre _____

Resuélvelo y coméntalo

Escribe un cuento de la vida diaria sobre división para 28 ÷ 4. Luego, escribe otro cuento de la vida diaria que muestre una manera diferente de pensar en 28 ÷ 4.

Puedo...
escribir y resolver cuentos de matemáticas sobre ecuaciones de multiplicación y de división.

También puedo hacer generalizaciones a partir de los ejemplos.

Puedes generalizar. ¿Qué es igual en tus dos cuentos?

¡Vuelve atrás! Dibuja un diagrama de barras y escribe una ecuación para representar y resolver uno de tus cuentos sobre división.

Pregunta esencial

¿Cómo puedes describir una operación de multiplicación?

A

Escribe un cuento sobre multiplicación para 3 × 6.

Se pueden escribir cuentos para describir multiplicaciones.

Puedes hacer dibujos y usar objetos para representar problemas de unir grupos iguales.

B ## Grupos iguales

Randy tiene 3 paquetes de 6 botones. ¿Cuántos botones tiene?

3 × 6 = 18

Randy tiene 18 botones.

C ## Una matriz

Eliza sembró 3 filas de 6 azucenas. ¿Cuántas azucenas sembró?

3 × 6 = 18

Eliza sembró 18 azucenas.

D ## Diagrama de barras

Un conejo come la misma cantidad de zanahorias cada día por 3 días. Si el conejo come 6 zanahorias cada día, ¿cuántas zanahorias come en total?

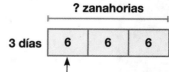

? zanahorias

| 3 días | 6 | 6 | 6 |

↑ Zanahorias que come cada día

3 × 6 = 18

El conejo come 18 zanahorias.

¡Convénceme! **Razonar** Escribe un cuento sobre multiplicación para 3 × 10 = ☐.

Otro ejemplo

Seth tiene 15 onzas líquidas de jugo. Escribe y resuelve cuentos sobre división relacionados con Seth y el jugo. Usa la ecuación 15 ÷ 3 = ?.

¿Cuántos hay en cada grupo?

Seth tiene 15 onzas líquidas de jugo. Vierte una cantidad igual de jugo en 3 recipientes. ¿Cuántas onzas líquidas de jugo hay en cada recipiente?

$15 ÷ 3 = 5$ onzas líquidas

¿Cuántos grupos hay?

Seth tiene 15 onzas líquidas de jugo. Quiere verter 3 onzas líquidas de jugo en cada recipiente. ¿Cuántos recipientes necesita Seth?

$15 ÷ 3 = 5$ recipientes

> Puedes escribir un cuento sobre división de "¿Cuántos hay en cada grupo?" o un cuento de "¿Cuántos grupos hay?".

☆ Práctica guiada

¿Lo entiendes?

1. Cuando escribes un cuento sobre división, ¿qué dos datos debes incluir?

¿Cómo hacerlo?

Para **2** y **3**, escribe un cuento para la ecuación. Luego, resuélvelo.

2. $3 \times 5 = $ _____

3. $8 ÷ 4 = $ _____

☆ Práctica independiente

Para **4** a **7**, escribe un cuento para la ecuación. Luego, resuélvelo.

4. $7 \times 3 = $ _____

5. $5 \times 5 = $ _____

6. $18 ÷ 3 = $ _____

Escribiré sobre 18 _____.

Los pondré en 3 grupos iguales.

7. $14 ÷ $ _____ $= 2$

Escribiré sobre 14 _____.

Los pondré en grupos de 2.

Resolución de problemas

8. Razonar Escribe un cuento sobre multiplicación acerca de estos lápices. Escribe una ecuación para tu cuento.

Piensa en cuántos grupos iguales habrá en tu cuento.

---

9. Escribe una familia de operaciones para cada operación: $8 \times 0, 8 \times 1, 8 \times 2, 8 \times 3, 8 \times 4, 8 \times 5, 8 \times 6, 8 \times 7, 8 \times 8, 8 \times 9$ y 8×10.

10. Un equipo de fútbol va a un partido en 4 microbuses. En cada microbús caben 6 jugadores. Dos de los jugadores son porteros. ¿Cuántos jugadores no son porteros?

---

11. Razonamiento de orden superior Un grupo de 9 mariposas monarca se prepara para migrar. Escribe un cuento sobre multiplicación relacionado con este grupo. Explica qué operación usas y halla el producto.

Cada mariposa monarca tiene 4 alas de color anaranjado brillante y 6 patas.

✓ Práctica para la evaluación

12. Mary escribe el siguiente cuento para $72 \div 9 = ?$.

Hay 72 canicas repartidas en 9 grupos iguales. ¿Cuántas canicas hay en cada grupo? Selecciona la respuesta correcta para el cuento de Mary.

Ⓐ 7 canicas

Ⓑ 8 canicas

Ⓒ 9 canicas

Ⓓ 10 canicas

13. Chris escribe el siguiente cuento para $4 \times 10 = ?$.

Se ponen 4 tablas de madera, de extremo a extremo, para hacer una rampa. Cada tabla mide 10 pulgadas de longitud. ¿Cuánto mide la rampa de longitud? Selecciona la respuesta correcta para el cuento de Chris.

Ⓐ 4 pulgadas

Ⓑ 10 pulgadas

Ⓒ 20 pulgadas

Ⓓ 40 pulgadas

Nombre _____

Resuélvelo y coméntalo

Jacobo empezó el siguiente patrón. Completa los espacios en blanco para crear ecuaciones correctas y continuar el patrón. Explica tu razonamiento.

$$6 \times 1 = 3 \times 2$$

$$6 \times 2 = 3 \times 4$$

$$6 \times 3 = 3 \times \square$$

$$6 \times \square = 3 \times \square$$

$$\square \times \square = \square \times \square$$

Puedo...
usar la estructura de la multiplicación y de la división para comparar expresiones.

También puedo comparar sin calcular.

Hábitos de razonamiento

¡Razona correctamente! Estas preguntas te pueden ayudar.

- ¿Qué patrones puedo ver y describir?
- ¿Cómo puedo usar los patrones para resolver el problema?
- ¿Puedo ver las expresiones y los objetos de una manera diferente?

¡Vuelve atrás! **Usar la estructura** Jacobo empieza este nuevo patrón. Completa el espacio en blanco para que la ecuación sea verdadera. ¿Qué observas en este patrón al compararlo con el patrón anterior?

$$3 \times 2 = 6 \times 1$$

$$3 \times 4 = 6 \times 2$$

$$3 \times \square = 6 \times 3$$

 **Pregunta esencial**

¿Cómo puedes usar la estructura de las matemáticas?

A

¿Cómo puedes saber sin hacer ningún cálculo si el símbolo >, < o = se debe colocar en los círculos de abajo?

1. $4 \times 5 \times 2 \bigcirc 4 \times 3 \times 5$

2. $6 \times 7 \bigcirc 7 \times 6$

No tienes que calcular. Puedes usar la estructura del sistema numérico para comparar.

¿Qué debo hacer para completar la tarea?

Necesito comparar las expresiones. En vez de hacer cualquier cálculo, me fijaré en los valores de los factores en cada expresión.

Este es mi razonamiento...

B **¿Cómo puedo usar la estructura para resolver este problema?**

Puedo

- pensar en las propiedades que conozco.

- buscar patrones y usarlos cuando sea necesario.

C

Algunos factores en las expresiones son iguales y otros son diferentes. Usaré esta información para comparar las expresiones.

1. Sé que puedo agrupar factores de cualquier manera, así que puedo volver a escribir una expresión.

$2 < 3$

$4 \times 5 \times 2 \quad\quad \bigcirc< \quad\quad 4 \times 5 \times 3$

$\underbrace{}\quad\quad\quad\quad\quad\quad \underbrace{}$

$20 \quad\quad\quad\quad\quad = \quad\quad\quad\quad\quad 20$

2. Veo que los factores son iguales en ambos lados. Sé que esto significa que los productos son iguales.

$6 \times 7 \bigcirc= 7 \times 6$

¡Convénceme! **Usar la estructura** Darío dice: "Puedo hallar $9 \times 0 < 3 \times 1$ sin calcular. Puedo pensar en las propiedades que conozco". ¿Qué quiere decir?

Práctica guiada

Usar la estructura

Hakeem y Nicole tienen 48 calcomanías cada uno. Hakeem compartió sus calcomanías entre 8 amigos. Nicole compartió sus calcomanías entre 6 amigos. Estas expresiones muestran cómo Hakeem y Nicole compartieron sus calcomanías.

> Usa la estructura para comparar los valores a cada lado del círculo.

$48 \div 8 \bigcirc 48 \div 6$

1. Mira las expresiones. Explica cómo puedes usar lo que ves para compararlas sin calcular.

2. ¿Qué amigos recibieron más calcomanías: los de Hakeem o los de Nicole? Escribe el símbolo correcto (>, < o =) en el círculo anterior.

Práctica independiente

Usar la estructura

Dan ahorró $10 por semana durante 7 semanas. Misha ahorró $7 por semana durante 9 semanas. Estas expresiones muestran cómo ahorraron.

$7 \times \$10 \bigcirc 9 \times \$7$

3. Mira las expresiones. Explica cómo puedes usar lo que ves para compararlas sin calcular.

4. ¿Quién ahorró más dinero? Escribe el símbolo correcto (>, < o =) en el círculo anterior.

5. ¿Puedes usar el mismo símbolo que escribiste en el Ejercicio 4 para comparar 10×7 y 7×9? Explícalo.

Tarea de rendimiento

Venta de collares

Trina quiere hallar la manera menos costosa de comprar 24 collares. Quiere comprar solo el mismo tipo de paquetes. Tiene $48. En la tabla se muestra la cantidad de collares en un paquete y el costo de cada paquete.

Collares en un paquete	Paquetes que Trina debe comprar	Precio por paquete
3	$24 \div 3 = 8$	$4
4	___ $\div$ ___ = ___	$5
6	___ $\div$ ___ = ___	$6

6. Representar con modelos matemáticos
Completa la tabla para hallar la cantidad de paquetes que tendría que comprar Trina.

7. Usar la estructura Trina puede usar 8 × $4 para hallar el costo de suficientes paquetes de $4. Escribe una expresión similar para mostrar una manera de hallar cuánto le costará a Trina comprar suficientes paquetes de $5.

Escribe una expresión similar para mostrar una manera de hallar cuánto le costaría a Trina comprar suficientes paquetes de $6.

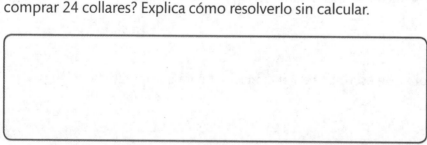

Cuando usas la estructura, puedes buscar cosas en común.

8. Entender y perseverar Compara el costo de los paquetes de $5 con el de los paquetes de $6. ¿Qué paquete cuesta menos si Trina quiere comprar 24 collares? Explica cómo resolverlo sin calcular.

9. Construir argumentos Compara el costo de los paquetes de $4 con el de los paquetes de $6. ¿Qué paquete cuesta menos si Trina quiere comprar 24 collares? Explica cómo resolverlo sin calcular.

Nombre _____

Trabaja con un compañero. Necesitan papel y lápiz. Cada uno escoge un color diferente: celeste o azul.

El compañero 1 y el compañero 2 apuntan a uno de los números negros al mismo tiempo. Ambos multiplican esos números.

Si la respuesta está en el color que escogiste, puedes anotar una marca de conteo. Luego, los compañeros escriben las operaciones que faltan en la familia de operaciones. Sigan la actividad hasta que uno de los dos tenga siete marcas de conteo.

Puedo...
multiplicar y dividir hasta 100.

También puedo construir argumentos matemáticos.

Compañero 1

9

5

6

8

4

63	24	40
42	81	28
36	35	56
16	72	30
54	20	48
25	45	32

Compañero 2

7

4

5

6

9

Marcas de conteo del compañero 1

Marcas de conteo del compañero 2

Repaso del vocabulario

A-Z
Glosario

Lista de palabras

- columna
- ecuación
- familia de operaciones
- fila
- impar
- par

Comprender el vocabulario

Da ejemplos y contraejemplos para los términos.

	Ejemplo	**Contraejemplo**
1. Ecuación	_____	_____
2. Número impar	_____	_____
3. Número par	_____	_____
4. Familia de operaciones	_____	_____
	_____	_____

Escribe *siempre, a veces* o *nunca.*

5. Un número *par* se puede dividir por 2 sin que haya sobrante. _____

6. Una f*amilia de operaciones* tiene números *impares.* _____

7. Una matriz tiene la misma cantidad de *filas* y de *columnas.* _____

8. El producto de un número *impar* por un número *impar* es un número *par.* _____

Usar el vocabulario al escribir

9. Explica el patrón en los cuadrados verdes. Usa por lo menos 2 términos de la Lista de palabras en tu explicación.

×	0	1	2	3	4	5
0	0	0	0	0	0	0
1	0	1	2	3	4	5
2	0	2	4	6	8	10
3	0	3	6	9	12	15
4	0	4	8	12	16	20
5	0	5	10	15	20	25

Grupo A | páginas 169 a 172

Puedes ver patrones en una tabla de multiplicar.

×	0	1	2	3	4	5	6	7
0	0	0	0	0	0	0	0	0
1	0	1	2	3	4	5	6	7
2	0	2	4	6	8	10	12	14
3	0	3	6	9	12	15	18	21
4	0	4	8	12	16	20	24	28
5	0	5	10	15	20	25	30	35
6	0	6	12	18	24	30	36	42
7	0	7	14	21	28	35	42	49
8	0	8	16	24	32	40	48	56

En cada fila, la suma de los números verdes es igual al número morado.

$0 + 0 = 0$ $1 + 6 = 7$

$2 + 12 = 14$ $3 + 18 = 21$

Esto se debe a la propiedad distributiva.

Una operación de multiplicación del 1 más una operación de multiplicación del 6 es igual a una operación de multiplicación del 7.

Ejemplo: $(1 \times 5) + (6 \times 5) = (7 \times 5)$

Recuerda que las propiedades pueden ayudarte a explicar patrones.

Para **1** y **2**, usa la tabla de multiplicar para responder a las preguntas.

×	0	1	2	3	4	5	6	7	8
0	0	0	0	0	0	0	0	0	0
1	0	1	2	3	4	5	6	7	8
2	0	2	4	6	8	10	12	14	16
3	0	3	6	9	12	15	18	21	24
4	0	4	8	12	16	20	24	28	32
5	0	5	10	15	20	25	30	35	40
6	0	6	12	18	24	30	36	42	48
7	0	7	14	21	28	35	42	49	56
8	0	8	16	24	32	40	48	56	64

1. Busca la columna cuyos productos son la suma de los números coloreados de verde en cada fila. Colorea esta columna.

2. Explica por qué este patrón es verdadero.

Grupo B | páginas 173 a 176

Usa una tabla de multiplicar para hallar $20 \div 4$.

×	0	1	2	3	4	5	6	7
0	0	0	0	0	0	0	0	0
1	0	1	2	3	4	5	6	7
2	0	2	4	6	8	10	12	14
3	0	3	6	9	12	15	18	21
4	0	4	8	12	16	20	24	28
5	0	5	10	15	20	25	30	35
6	0	6	12	18	24	30	36	42
7	0	7	14	21	28	35	42	49
8	0	8	16	24	32	40	48	56
9	0	9	18	27	36	45	54	63

Busca el 4 en la primera columna de la tabla.

Sigue en la fila del 4 hasta llegar a 20.

Luego, mira la parte de arriba de la columna para hallar el factor que falta: 5. $20 \div 4 = 5$

Recuerda que la multiplicación y la división están relacionadas.

Para **1** a **12**, usa la tabla de multiplicar para hallar los productos o cocientes.

1. $2 \times 7 =$ _____   2. $5 \times 8 =$ _____

3. $2 \times 10 =$ _____   4. $5 \times 4 =$ _____

5. $3 \times 5 =$ _____   6. $6 \times 5 =$ _____

7. $63 \div 9 =$ _____   8. $56 \div 8 =$ _____

9. $45 \div 9 =$ _____   10. $40 \div 8 =$ _____

11. $35 \div 7 =$ _____   12. $36 \div 6 =$ _____

Puedes usar operaciones básicas y propiedades para hallar los números que faltan en una tabla de multiplicar.

×	4	5	☐	7
3	12	15	18	21
4	16	20	24	28
5	20	25	30	35
6	24	30	36	42
7	28		42	49
8	32	40	48	56

Usa la multiplicación o la división para hallar los factores que faltan.

$42 \div 7 = 6$, por tanto, $7 \times 6 = 42$

Usa estrategias para hallar los productos.

$3 \times 5 = 15$ $4 \times 5 = 20$

$5 \times 5 = 25$ $6 \times 5 = 30$

Por tanto, $7 \times 5 = 35$.

Recuerda que puedes usar estrategias y razonar para hallar los números que faltan.

Usa estrategias de multiplicación y división para completar la tabla de multiplicar. Muestra tu trabajo.

×	☐	5	6	☐
☐	12	15	18	
☐	16	20		28
5	20	25	30	35
6	24	30		42
7		35	42	49
8	32	40	48	

Halla 4×7.

Hay diferentes estrategias que puedes usar cuando multiplicas.

Puedes contar salteado:

7, 14, 21, 28

Puedes usar operaciones conocidas:

$2 \times 7 = 14$

$4 \times 7 = (2 \times 7) + (2 \times 7)$

$4 \times 7 = 14 + 14 = 28$

Recuerda que puedes usar patrones, operaciones conocidas o contar salteado para hallar productos.

Para **1** a **8**, usa estrategias para hallar los productos.

1. $5 \times 9 =$ _____   **2.** $8 \times 10 =$ _____

3. $4 \times 10 =$ _____   **4.** $9 \times 8 =$ _____

5. $6 \times 9 =$ _____   **6.** $7 \times 3 =$ _____

7. $6 \times 5 =$ _____   **8.** $4 \times 9 =$ _____

Grupo D | páginas 181 a 184

Puedes resolver problemas verbales usando la multiplicación y la división.

Aaron tiene 49 libros. Su librero tiene 7 estantes. Quiere colocar la misma cantidad de libros en cada estante. ¿Cuántos libros puede colocar Aaron en cada estante?

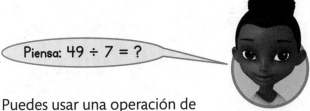

Piensa: 49 ÷ 7 = ?

Puedes usar una operación de multiplicación relacionada:

$7 \times 7 = 49$

$49 \div 7 = 7$

Aaron puede colocar 7 libros en cada estante.

Recuerda que en la multiplicación y en la división se usan grupos iguales.

Resuelve los problemas. Muestra tu trabajo.

1. El papá de Oksana tiene 36 pilas en el cajón de su escritorio. Las pilas están en paquetes de 4. ¿Cuántos paquetes de pilas tiene?

2. Cada vez que Leonel gana el juego de aros en el carnaval, recibe 3 boletos de premio. Leonel tiene que ganar el juego de aros 9 veces para obtener suficientes boletos para 1 juguete. ¿Cuántos boletos de premio necesita Leonel para ganarse 2 juguetes?

Grupo E | páginas 185 a 188

Escribe un cuento sobre multiplicación para 4×7.

Puedes pensar en la multiplicación como grupos iguales.

Tim tiene 4 ramos de flores. Cada ramo tiene 7 flores. ¿Cuántas flores tiene Tim?

Tim tiene 28 flores.

Recuerda que las filas y columnas también pueden representar la multiplicación.

Escribe un cuento sobre multiplicación para cada ecuación. Luego, resuélvelo.

1. $3 \times 9 =$ _____

2. $5 \times 6 =$ _____

Escribe un cuento sobre división para 20 ÷ 5.

Si 20 niños forman 5 equipos iguales, ¿cuántos niños hay en cada equipo?

20 niños

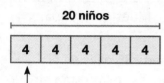

Niños en cada equipo

20 ÷ 5 = 4

Hay 4 niños en cada equipo.

Recuerda que los cuentos sobre división pueden preguntar por la cantidad que hay en cada grupo o por la cantidad de grupos iguales.

> Escribe un cuento sobre división para cada ecuación. Luego, resuélvelo.

1. 60 ÷ 10 = _____

2. 32 ÷ 4 = _____

Piensa en tus respuestas a estas preguntas para ayudarte a **buscar y usar la estructura**.

Hábitos de razonamiento

- ¿Qué patrones puedo ver y describir?

- ¿Cómo puedo usar los patrones para resolver el problema?

- ¿Puedo ver las expresiones y los objetos de una manera diferente?

Recuerda que las propiedades pueden ayudarte a entender los patrones.

Leroy gana $7 por hora de trabajo; trabaja 8 horas. Rebecca gana $8 por hora; trabaja 7 horas. Las siguientes expresiones muestran el dinero que ganaron.

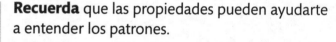

$$8 \times \$7 \bigcirc 7 \times \$8$$

1. Mira las expresiones. Explica cómo puedes usar lo que ves para compararlas sin calcular.

2. ¿Quién ganó más dinero? Escribe el símbolo correcto >, < o = en el círculo de arriba.

1. Halla 48 ÷ 6.

3. Halla 45 ÷ 5. Dibuja un diagrama de barras para representar la división.

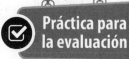
Práctica para la evaluación

2. A. Completa la siguiente tabla con los factores y los productos que faltan.

×	□	□	8
0			
□		7	8
2			16
3	18		
□		28	

B. ¿Qué patrón ves en la primera fila de productos de la tabla? Explica por qué este patrón es verdadero.

4. Halla el producto.

5 × 7

Ⓐ 28

Ⓑ 30

Ⓒ 35

Ⓓ 42

5. Halla el producto.

6 × 3 = □

6. ¿Cuál de las siguientes estrategias puede ayudarte a resolver 4 × 6? Selecciona todas las que apliquen.

☐ (6 × 6) + (6 × 6)

☐ (4 × 3) + (4 × 3)

☐ (5 × 5) + (4 × 1)

☐ (5 × 4) + (1 × 4)

☐ (2 × 4) + (2 × 6)

7. ¿Qué número falta en esta tabla de multiplicar?

×	5	6
2	10	?
3	15	18

Ⓐ 8

Ⓑ 9

Ⓒ 11

Ⓓ 12

8. Selecciona el producto o el cociente correcto para cada ecuación.

	56	7	36	9
54 ÷ 6 = ?	☐	☐	☐	☐
8 × 7 = ?	☐	☐	☐	☐
49 ÷ 7 = ?	☐	☐	☐	☐
6 × 6 = ?	☐	☐	☐	☐

9. Algunos cuadrados están coloreados de anaranjado para mostrar un patrón en la tabla de multiplicar.

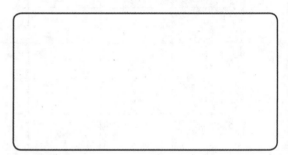

×	4	5	6	7
4	16	20	24	28
5	20	25	30	35
6	24	30	36	42
7	28	35	42	49
8	32	40	48	56

A. Identifica uno de los patrones que se muestran en la tabla de multiplicar.

B. Explica por qué este patrón es verdadero.

10. Divide.

70 ÷ 7

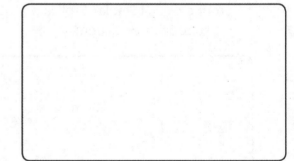

11. ¿Qué ecuación de división se podría usar para resolver $8 \times ? = 32$?

Ⓐ $32 \div 7 = ?$

Ⓑ $32 \div 2 = ?$

Ⓒ $32 \div 8 = ?$

Ⓓ $8 \div ? = 32$

12. ¿Por cuál de los siguientes números puede dividirse 12 exactamente? Selecciona todas las que apliquen.

☐ 9

☐ 3

☐ 5

☐ 4

☐ 7

13. ¿Cuál es el producto de 9 y 3? Escribe una ecuación para resolver el problema.

14. Mira estas dos expresiones.

$40 \div 4$ $40 \div 8$

A. Explica cómo puedes comparar las expresiones sin calcular.

B. Calcula ambos cocientes para comprobar tu respuesta.

15. ¿Qué opción muestra una manera de resolver 5×5?

Ⓐ Contar de 5 en 5 cinco veces: 5, 15, 25, 35, 45.

Ⓑ Usar la propiedad distributiva: $(4 \times 5) + (1 \times 5)$.

Ⓒ Mirar una tabla de multiplicar. Buscar la fila del 5. Moverse hacia el costado hasta encontrar el 5. El producto es el número de arriba de esa columna: 1.

Ⓓ Usar la suma repetida: $5 + 5 + 5 + 5$.

16. Roberta está plantando flores en su jardín. Planta 9 filas de 7 flores cada una. ¿Cuántas flores planta en total? Escribe una ecuación para resolver el problema.

17. Multiplica.

7×2

18. Mira la siguiente tabla de multiplicar.

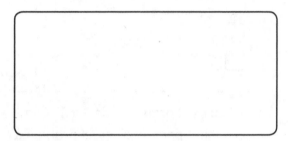

×	4	5	6	7
3	12	15	18	21
4	16	20	24	28
5	20	25	30	35
6	24	30	36	42
7	28	35	42	49
8	32	40	48	56

A. Colorea los productos en la columna del 5 de la tabla. ¿Qué patrón ves?

B. Explica el patrón que hallaste.

Galería de fotografías

Rebeca está instalando una exhibición. Está colgando fotografías en dos murales en forma de matrices. Rebeca tiene que decidir cómo va a ordenar las fotografías. Hace tablas para decidir la ordenación que usará.

Tarea de rendimiento

1. Usa la tabla **Mural izquierdo** para responder a las preguntas.

   ### Parte A

   ¿Cuál de las ordenaciones del mural izquierdo tiene más fotografías?

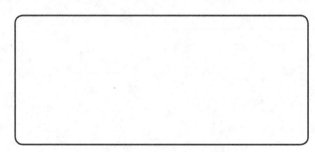

Mural izquierdo

Ordenación	A	B	C	D
Filas	3	3	7	8
Columnas	7	9	2	3

   ### Parte B

   Explica cómo puede hallar Rebeca la respuesta a la Parte A sin calcular el tamaño de cada ordenación.

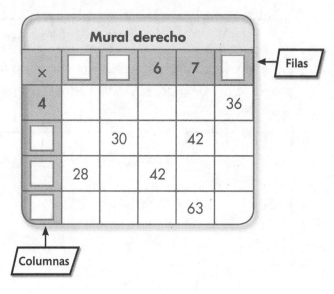

Mural derecho

×			6	7		← Filas
4					36	
		30		42		
	28		42			
				63		

Columnas

Para **2** y **3**, usa la tabla **Mural derecho**.

2. Completa la tabla de Rebeca con las columnas, las filas y las cantidades de fotografías que faltan.

3. El 42 aparece en la tabla de Rebeca dos veces. ¿Es razonable? Explica por qué.

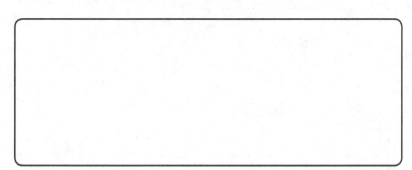

Para **4** a **6**, usa la tabla **Mural derecho**.

4. Algunos fotógrafos eran hombres y otros eran mujeres. Rebeca quiere que la cantidad de fotografías tomadas por hombres sea igual a la cantidad de fotografías tomadas por mujeres. Colorea cuadrados en la tabla para mostrar la ordenación que le permite hacer esto a Rebeca. Explica el patrón que halles.

5. Rebeca comparte esta tabla con su amigo Leonel. Leonel está trabajando en un proyecto diferente: **NO** está colgando fotografías. ¿Para qué otro proyecto puede usar esta tabla Leonel? Explica qué significa 7 × 4 para el proyecto de Leonel.

6. Rebeca también comparte esta tabla con su mamá. La mamá de Rebeca trabaja en un proyecto diferente: **NO** está colgando fotografías. ¿Para qué otro proyecto puede usar esta tabla la mamá de Rebeca? Explica qué significa 30 ÷ 6 para el proyecto de la mamá de Rebeca.

Relacionar el área con la multiplicación y la suma

Pregunta esencial: ¿Cómo se relaciona el área con la multiplicación y la suma?

Algunos diseños pueden proteger los edificios de tempestades peligrosas.

Este pararrayos en la parte superior del edificio está conectado al suelo. Atrae la energía eléctrica del rayo y la conduce de forma segura a tierra.

¡Esto ayuda a proteger el edificio de los efectos dañinos de un rayo! Este es un proyecto sobre diseños de edificios y área.

Proyecto de 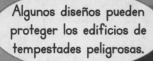 STEM: Diseñar soluciones

Investigar Hay diseños, como los pararrayos, las barreras de defensa contra inundaciones o los tejados resistentes al viento, que sirven para la protección de personas y edificios. Usa la Internet u otra fuente para reunir información sobre estos tipos de diseños y su funcionamiento.

Diario: Escribir un informe Incluye lo que averiguaste. En tu informe, también:

- explica cómo algunos diseños de ventanas o de puertas ayudan a dar protección contra las tempestades.

- usa una cuadrícula para dibujar uno de los diseños de ventana o puerta. Cuenta las unidades cuadradas que mide tu diseño. Rotula tu dibujo para mostrar cómo el diseño da protección contra las tempestades.

Repasa lo que sabes

A-Z Vocabulario

Escoge el mejor término del recuadro.
Escríbelo en el espacio en blanco.

• grupos iguales	• multiplicar
• matriz	• sumando

1. Contar salteado para obtener el total es igual a _____.

2. Dividir manzanas para que todos reciban la misma cantidad es un ejemplo de formar _____.

3. Cuando muestras objetos en filas y columnas, haces un/una _____.

División como repartición

4. Chen tiene 16 carros a escala. Los coloca en 4 filas. Cada fila tiene la misma cantidad de carros. ¿Cuántas columnas hay?

5. Julie tiene 24 cuentas de vidrio para repartir entre 4 amigos. Cada amigo recibe la misma cantidad. ¿Cuántas cuentas de vidrio recibe cada amigo?

Matrices

6. Escribe una ecuación de suma y una ecuación de multiplicación para la matriz que se muestra a la derecha.

Relacionar la multiplicación y la división

7. Un equipo tiene 12 jugadores. Se alinean en 3 filas iguales. ¿Qué ecuación de multiplicación te ayuda a hallar cuántos jugadores hay en cada fila?

Ⓐ $2 \times 6 = 12$ Ⓑ $1 \times 12 = 12$ Ⓒ $3 \times 4 = 12$ Ⓓ $3 \times 12 = 36$

8. Hay 20 botellas de jugo alineadas en 4 filas iguales. Explica cómo puedes usar una ecuación de multiplicación para saber cuántas botellas de jugo hay en cada fila.

PROYECTO
6A

¿Cómo se construyen las ciudades?

Proyecto: Planifica un parque para perros

PROYECTO
6B

¿Qué son los jardines comunitarios?

Proyecto: Diseña un jardín comunitario

PROYECTO 6C

¿Qué hacen los carpinteros?

Proyecto: Dibuja un plano del piso de la escuela

PROYECTO 6D

¿Cómo juegas al juego?

Proyecto: Haz un juego del área

Resuélvelo y coméntalo

Mira las figuras A a C del Elemento didáctico Área de figuras. ¿Cuántas fichas cuadradas necesitas para cubrir cada figura? Muestra tus respuestas a continuación. Explica cómo lo decidiste.

Puedo...
contar unidades cuadradas para hallar el área de una figura.

También puedo escoger y usar una herramienta matemática como ayuda para resolver problemas.

Figura	Cantidad de fichas cuadradas
Figura A	
Figura B	
Figura C	

Usa herramientas apropiadas. Piensa en cómo puedes colocar tus fichas para cubrir cada figura sin espacios ni superposiciones.

¡Vuelve atrás! ¿Puedes estar seguro de que tu respuesta es exacta si hay espacios entre las fichas que usaste? Explícalo.

Pregunta esencial ¿Cómo mides el área?

A

Emily hizo un collage *en la clase de arte. Recortó figuras para hacer un diseño.* ¿Cuál es el área de esta figura?

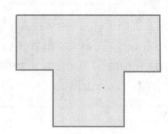

El área es la cantidad de unidades cuadradas que se necesitan para cubrir una región sin espacios ni superposiciones.

Una unidad cuadrada es un cuadrado con lados de 1 unidad de longitud. Tiene un área de 1 unidad cuadrada.

Esta es la unidad cuadrada para esta lección.

A veces puedes estimar el área. Puedes combinar los cuadrados que están parcialmente completos para estimar los cuadrados completos.

B Cuenta las unidades cuadradas que cubren la figura de Emily. El total es el área de la figura.

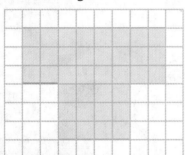

36 unidades cuadradas cubren la figura. El área de la figura es 36 unidades cuadradas.

C Cuenta las unidades cuadradas que cubren la figura.

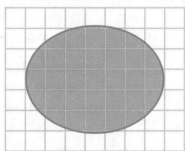

Hay aproximadamente 27 unidades cuadradas que cubren la figura. El área de la figura es aproximadamente 27 unidades cuadradas.

¡Convénceme! **Construir argumentos** Karen dice que cada una de estas figuras tiene un área de 12 unidades cuadradas. ¿Estás de acuerdo con Karen? Explícalo.

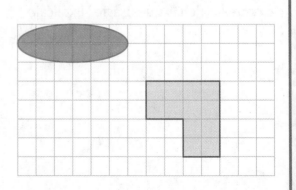

Otro ejemplo

Emily quiere cubrir este octágono.

Si intenta cubrirlo con unidades cuadradas, habrá espacios y superposiciones.

Emily puede separar el cuadrado en dos triángulos del mismo tamaño. Puede cubrir completamente la figura con este triángulo:

Catorce triángulos cubren el octágono.
El área del octágono es 7 unidades cuadradas.

Práctica guiada

¿Lo entiendes?

1. ¿Cómo sabes que el área del octágono es 7 unidades cuadradas?

2. Explica la diferencia entre hallar el área de una figura y hallar la longitud de una figura.

¿Cómo hacerlo?

Para **3** y **4**, cuenta para hallar el área. Indica si el área es una estimación.

3.

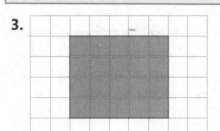

4.

Práctica independiente

Para **5** a **7**, cuenta para hallar el área. Indica si el área es una estimación.

5.

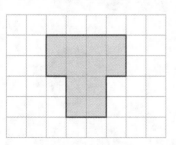

6.

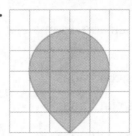

7.

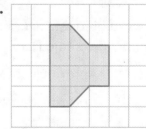

Resolución de problemas

8. Maggie compró 4 cuadernos de dibujo. Pagó con un billete de $20. ¿Cuánto dinero recibió de cambio?

$3 cada uno

---

9. Evaluar el razonamiento Janet cubrió el cuadrado rojo con fichas cuadradas. Dice: "Cubrí esta figura con 12 unidades cuadradas; por tanto, sé que tiene un área de 12 unidades cuadradas". ¿Estás de acuerdo con Janet? Explícalo.

---

10. Razonamiento de orden superior Chester dibujó este círculo dentro de un cuadrado. ¿Cuál sería una buena estimación del área del cuadrado coloreada de verde? ¿Cómo calculaste tu respuesta?

11. Sentido numérico Arthur coloca 18 borradores en grupos iguales. Dice que habrá más borradores en 2 grupos iguales que en 3 grupos iguales. ¿Tiene razón Arthur? Explica tu respuesta.

Práctica para la evaluación

12. Daryl dibujó esta figura en papel cuadriculado. Estima el área de la figura que dibujó Daryl.

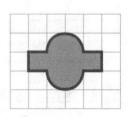

    Ⓐ   Aproximadamente 4 unidades cuadradas

    Ⓑ   Aproximadamente 5 unidades cuadradas

    Ⓒ   Aproximadamente 6 unidades cuadradas

    Ⓓ   Aproximadamente 7 unidades cuadradas

Nombre _____

Resuélvelo y coméntalo

Halla el área de la tarjeta postal en cada cuadrícula. ¿Qué observas acerca del tamaño de la tarjeta postal en cada cuadrícula? ¿Qué observas acerca del área de la tarjeta postal en cada cuadrícula? Explícalo.

Puedo...
contar unidades cuadradas para hallar el área de una figura.

También puedo razonar sobre las matemáticas.

☐ = 1 unidad cuadrada

☐ = 1 unidad cuadrada

Razona para identificar relaciones. Observa que se usa la misma tarjeta postal en ambas cuadrículas.

¡Vuelve atrás! ¿Son iguales las medidas de las áreas de la tarjeta postal anterior? Explícalo.

Pregunta esencial

¿Cómo mides el área usando unidades no estándar?

A

Tom diseñó un marcapáginas para un libro de pasta blanda. ¿Cómo puede usar unidades cuadradas para hallar el área del marcapáginas?

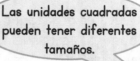
Las unidades cuadradas pueden tener diferentes tamaños.

B

Puedes contar las unidades cuadradas.

☐ = 1 unidad cuadrada

Hay 32 unidades cuadradas.

Área = 32 unidades cuadradas

C

Puedes usar una unidad cuadrada diferente.

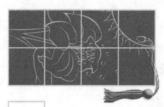

☐ = 1 unidad cuadrada

Hay 8 unidades cuadradas.

Área = 8 unidades cuadradas

El tamaño de la unidad cuadrada determina el área.

¡Convénceme! **Razonar** ¿En qué se parecen y en qué se diferencian las áreas de estos dos cuadrados?

Nombre _____

 **Práctica guiada**

¿Lo entiendes?

1. ¿Cuál de estas figuras tiene un área de 5 unidades cuadradas? ¿Cómo lo sabes?

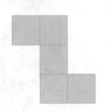 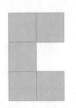

¿Cómo hacerlo?

2. Dibuja unidades cuadradas para cubrir las figuras y hallar el área. Usa las unidades cuadradas que se muestran.

☐ = 1 unidad cuadrada   ☐ = 1 unidad cuadrada

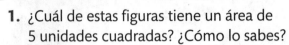 **Práctica independiente**

Para **3** a **5**, dibuja unidades cuadradas para cubrir las figuras y hallar el área. Usa las unidades cuadradas que se muestran.

3.

☐ = 1 unidad cuadrada   ☐ = 1 unidad cuadrada

4.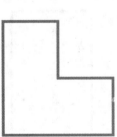

☐ = 1 unidad cuadrada   ☐ = 1 unidad cuadrada

5.

☐ = 1 unidad cuadrada   ☐ = 1 unidad cuadrada

Resolución de problemas

6. Benjamín halló que el área de esta figura es 14 unidades cuadradas. Dibuja unidades cuadradas para cubrir esta figura.

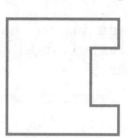

Piensa en el tamaño de las unidades cuadradas que necesitas usar.

7. Luke se come 6 uvas del tazón. Luego, Juan y Luke se reparten por igual las uvas que sobran en el tazón. ¿Cuántas uvas se comió Juan? Muestra cómo razonaste para resolver el problema.

24 uvas

8. **Construir argumentos** Rafa estima que el área de esta figura es 45 unidades cuadradas. Martín estima que el área es 48 unidades cuadradas. ¿Quién tiene una estimación más aproximada a la medida real? Explícalo.

□ = 1 unidad cuadrada

9. **Razonamiento de orden superior** Theo quiere cubrir la parte superior de una mesa pequeña con fichas cuadradas. La mesa mide 12 fichas cuadradas de longitud y 8 fichas cuadradas de ancho. ¿Cuántas fichas necesita Theo para cubrir la mesa?

☑ Práctica para la evaluación

10. Rick usó la unidad cuadrada pequeña y halló que el área de esta figura es 18 unidades cuadradas. Si Rick usa la unidad cuadrada más grande, ¿cuál será el área de la figura?

Ⓐ 1 unidad cuadrada

Ⓑ 2 unidades cuadradas

Ⓒ 3 unidades cuadradas

Ⓓ 4 unidades cuadradas

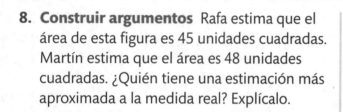

□ = 1 unidad cuadrada

□ = 1 unidad cuadrada

Nombre _____

Resuélvelo y coméntalo

Dibuja un cuadrado para representar 1 unidad cuadrada. Usa la unidad cuadrada para dibujar un rectángulo que tenga un área de 8 unidades cuadradas. Compara tu figura con la de un compañero. ¿En qué se parecen y en qué se diferencian?

Puedo...
medir el área de una figura con unidades estándar.

También puedo hacer mi trabajo con precisión.

Hazlo con precisión. Revisa tu figura para asegurarte de que hayas usado la cantidad correcta de unidades cuadradas.

¡Vuelve atrás! ¿El tamaño de tu figura y el de la figura de tu compañero son iguales o diferentes? Explícalo.

Pregunta esencial

¿Cómo mides el área usando unidades estándar de longitud?

A

Margarita compró esta calcomanía. ¿Cuál es el área de la calcomanía en centímetros cuadrados?

Puedes medir el área en unidades estándar. Un centímetro cuadrado es una unidad estándar de área.

B

Estas son algunas unidades estándar de longitud y de área.

DATOS

Unidad	Unidad cuadrada
pulgada (pulg.)	pulgada cuadrada
pie	pie cuadrado
centímetro (cm)	centímetro cuadrado
metro (m)	metro cuadrado

C

Cuenta las unidades cuadradas.

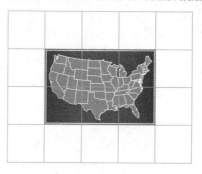

☐ = 1 centímetro cuadrado

Hay 6 unidades cuadradas que cubren la calcomanía. La calcomanía está medida en centímetros cuadrados.

Por tanto, el área de la calcomanía es 6 centímetros cuadrados.

¡Convénceme! Hacerlo con precisión Si se usaran pulgadas cuadradas en vez de centímetros cuadrados en el problema, ¿se necesitarían más unidades cuadradas o menos unidades cuadradas para cubrir la figura? Explícalo.

Nombre _____

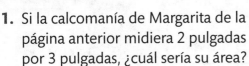
☆ **Práctica guiada**

¿Lo entiendes?

1. Si la calcomanía de Margarita de la página anterior midiera 2 pulgadas por 3 pulgadas, ¿cuál sería su área?

2. Zoey pintó una pared que mide 8 pies por 10 pies. ¿Qué unidades debe usar Zoey para medir el área de la pared? Explícalo.

¿Cómo hacerlo?

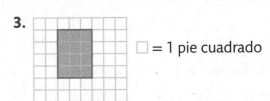
Para **3** y **4**, cada unidad cuadrada representa una unidad estándar. Cuenta las unidades cuadradas que están coloreadas. Luego, escribe el área.

3.
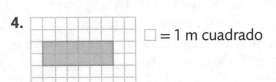
☐ = 1 pie cuadrado

4.
☐ = 1 m cuadrado

☆ **Práctica independiente**

Para **5** a **10**, cada unidad cuadrada representa una unidad estándar. Cuenta las unidades cuadradas que están coloreadas. Luego, escribe el área.

5.
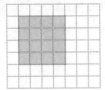
☐ = 1 pulg. cuadrada

6.

☐ = 1 pie cuadrado

7.
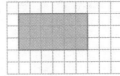
☐ = 1 pulg. cuadrada

8.
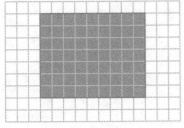
☐ = 1 m cuadrado

9.
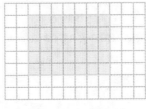
☐ = 1 cm cuadrado

10.
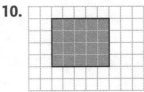
☐ = 1 pie cuadrado

Resolución de problemas

11. Razonar El Sr. Sánchez cultiva tres tipos de verduras en su huerto. ¿Cuál es el área que usa el Sr. Sánchez para cultivar lechuga y pepino? Explica cómo se usan las unidades en este problema.

Huerto del Sr. Sánchez

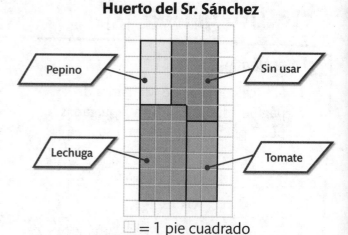

$\square$ = 1 pie cuadrado

---

12. Lisa recibió 34 mensajes de texto el lunes y 43 mensajes el martes. Recibió 98 mensajes de texto el miércoles. ¿Cuántos mensajes de texto más que el lunes y el martes juntos recibió Lisa el miércoles?

13. Mónica compró una estampilla. ¿Es más probable que el área de la estampilla sea 1 pulgada cuadrada o 1 metro cuadrado? Explícalo.

---

14. Álgebra ¿Qué operación puedes usar para completar la siguiente ecuación?

$8 = 56 \square 7$

15. Razonamiento de orden superior Brad dice que un cuadrado que tiene una longitud de 9 pies tendrá un área de 18 pies cuadrados. ¿Tiene razón? ¿Por qué?

☑ Práctica para la evaluación

16. Cada una de las unidades cuadradas de las figuras A a C representa 1 pie cuadrado. Selecciona números para indicar el área de cada figura.

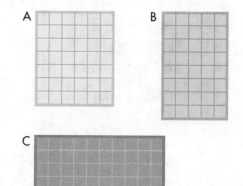

| 0 | 1 | 2 | 4 | 6 | 7 |

Figura A ☐☐ pies cuadrados

Figura B ☐☐ pies cuadrados

Figura C ☐☐ pies cuadrados

Nombre _____

Resuélvelo y coméntalo

Jorge quiere alfombrar dos cuartos. Un cuarto es un cuadrado con un lado que mide 6 metros. El otro cuarto es un rectángulo con lados que miden 3 metros y 12 metros. ¿Cuántos metros cuadrados de alfombra necesitará Jorge?

Puedo...
multiplicar para hallar el área de cuadrados y rectángulos.

También puedo hacer generalizaciones a partir de ejemplos.

Puedes generalizar. ¿Qué sabes sobre los cuadrados que te pueda ayudar a hallar la cantidad de metros cuadrados de alfombra que necesitará Jorge?

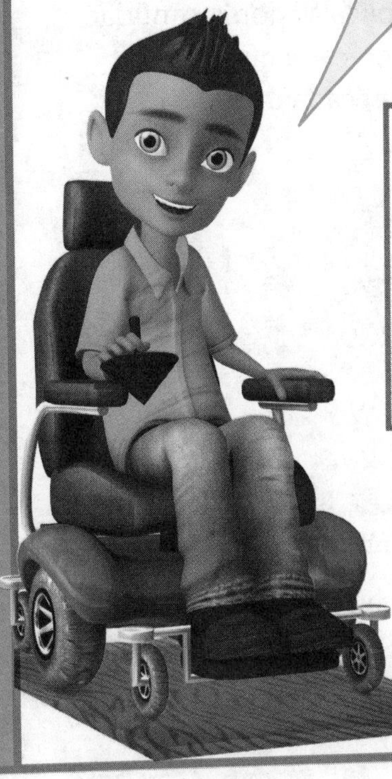

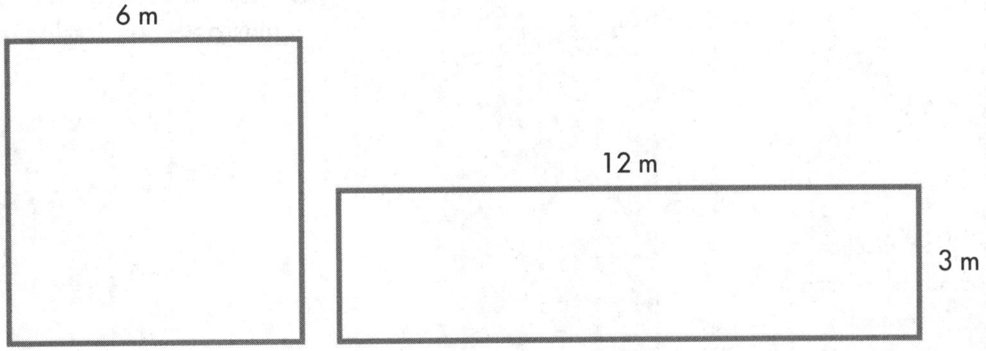

6 m

12 m

3 m

¡Vuelve atrás! ¿Qué notas sobre las longitudes de los lados y las áreas de los dos cuartos que Jorge quiere alfombrar?

Pregunta esencial **¿Cómo hallas el área de una figura?**

A

Mike pinta de verde una pared rectangular de su cuarto. El dibujo muestra la longitud y el ancho de la pared de Mike. Con una lata pequeña de pintura se pintan 40 pies cuadrados. ¿Necesita Mike más de una lata pequeña para pintar la pared de su cuarto?

 6 pies

8 pies

1 lata cubre 40 pies cuadrados.

B **Una manera**

Cuenta las unidades cuadradas para hallar el área.

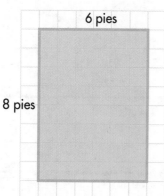

6 pies

8 pies

 ¡Son muchos cuadrados para contar!

Hay 48 unidades cuadradas. El área de la pared de Mike es 48 pies cuadrados.

C **Otra manera**

Cuenta las filas y multiplícalas por la cantidad de cuadrados que hay en cada fila. Hay 8 filas de 6 cuadrados en cada una.

6 cuadrados en cada fila

8 filas

$8 \times 6 = 48$

El área de la pared de Mike es 48 pies cuadrados. Necesitará más de una lata pequeña de pintura.

¡Convénceme! **Representar con modelos matemáticos** Mike planea pintar de azul una pared de su sala. La pared mide 10 pies de altura y 8 pies de ancho. ¿Cuál es el área de la pared que Mike quiere pintar de azul? ¿Cuántas latas de pintura necesitará?

Otro ejemplo

El área de otra pared del cuarto de Mike mide 56 pies cuadrados. La pared mide 8 pies de altura. ¿Cuál es el ancho de la pared?

$56 = 8 \times ?$

Puedes usar la división: $56 \div 8 = ?$

$56 \div 8 = 7$

La pared mide 7 pies de ancho.

8 pies | 56 pies cuadrados

? pies

⭐ Práctica guiada

¿Lo entiendes?

1. El jardín de Suji mide 4 yardas de longitud y 4 yardas de ancho. ¿Cuál es el área del jardín de Suji?

2. El área del jardín de Mirta es 32 pies cuadrados. El jardín mide 8 pies de longitud. ¿Cuál es el ancho del jardín de Mirta?

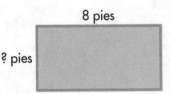

8 pies

? pies

¿Cómo hacerlo?

Para **3** y **4**, halla el área de las figuras. Usa papel cuadriculado como ayuda.

3.   7 pulgs.

3 pulgs.

4.   9 pies

6 pies

⭐ Práctica independiente

Para **5** y **6**, halla el área. Para **7**, halla la longitud que falta. Usa papel cuadriculado como ayuda.

5.   3 cm

1 cm

6.   4 pies

9 pies

7.   7 pulgs.

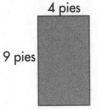

? pulgs. | 35 pulgs. cuadradas

Resolución de problemas

8. El jardín de Julia tiene 4 pies de ancho y un área de 28 pies cuadrados. ¿Cuál es la longitud del jardín de Julia? ¿Cómo lo sabes?

9. **Entender y perseverar** Briana tiene 2 abuelas. Les envió 2 tarjetas a cada una. En cada tarjeta puso 6 fotografías. ¿Cuántas fotografías envió Briana en total?

10. Kevin cree que halló un método más corto. Dice que para hallar el área de un cuadrado, puede multiplicar la longitud de un lado por sí misma. ¿Tiene razón? ¿Por qué?

11. **Razonamiento de orden superior** Raúl mide un rectángulo que tiene 9 pies de longitud y 5 pies de ancho. Teo mide un rectángulo cuya área mide 36 pies cuadrados. ¿Qué rectángulo tiene el área mayor? Explica cómo hallaste la respuesta.

✓ Práctica para la evaluación

12. Marla está haciendo mapas de reservas del estado. Se muestran dos de sus mapas de la misma reserva. Selecciona todos los enunciados verdaderos sobre los mapas de Marla.

   ☐ Puedes contar las unidades cuadradas para hallar el área del mapa A.

   ☐ Puedes multiplicar las longitudes de los lados para hallar el área del mapa B.

   ☐ El área del mapa A es 18 pies cuadrados.

   ☐ El área del mapa B es 18 pies cuadrados.

   ☐ Las áreas de los mapas A y B **NO** son equivalentes.

Mapa A

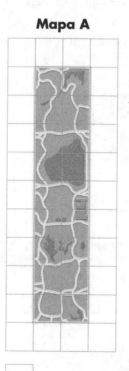

Mapa B

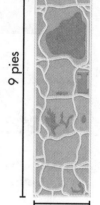

9 pies

2 pies

☐ = 1 pie cuadrado

Nombre _____

Resuélvelo y coméntalo

El piso de la nueva sala de lectura es un rectángulo de 8 pies de ancho por 9 pies de longitud. La Sra. Wallace tiene una alfombra rectangular de 8 pies de ancho por 5 pies de longitud. ¿Cuál es el área de la sala de lectura que no estará cubierta por la alfombra?

Puedo...
usar propiedades cuando multiplico para hallar el área de cuadrados y rectángulos.

También puedo representar con modelos matemáticos.

Puedes dibujar rectángulos en la cuadrícula o usar fichas cuadradas para representar con modelos matemáticos.

¡Vuelve atrás! ¿Cambia tu estrategia según si la alfombra se pone en la esquina de la sala o en el centro? Explica por qué.

¿Cómo puede el área de los rectángulos representar la propiedad distributiva?

A

Gina quiere separar este rectángulo en dos rectángulos más pequeños. ¿El área del rectángulo más grande será igual a la suma de las áreas de los dos rectángulos más pequeños?

Área = 7 × 8

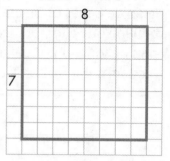

Puedes usar la propiedad distributiva para descomponer las operaciones para hallar el producto.

B Separa el lado de 8 unidades en dos partes.

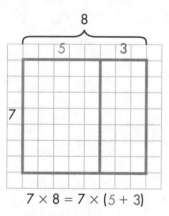

7 × 8 = 7 × (5 + 3)

C 7 × 8 = 7 × (5 + 3) = (7 × 5) + (7 × 3)

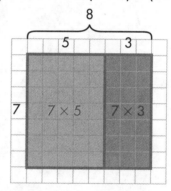

Por tanto, el área del rectángulo grande es igual a la suma de las áreas de los dos rectángulos pequeños.

¡Convénceme! **Generalizar** Halla otra manera de separar este rectángulo en dos partes más pequeñas. Escribe una ecuación que puedas usar para hallar el área de los dos rectángulos más pequeños. ¿Sigue siendo igual el área del rectángulo grande? ¿Qué generalización puedes hacer?

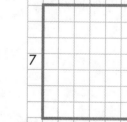

226 **Tema 6** | Lección 6-5

Práctica Herramientas Evaluación

☆Práctica guiada

¿Lo entiendes?

1. Describe una manera de separar un cuadrado de 6 × 6 en dos rectángulos más pequeños.

2. ¿Qué operaciones de multiplicación describen las áreas de los dos rectángulos más pequeños que identificaste en el Ejercicio 1?

¿Cómo hacerlo?

Completa la ecuación que representa el dibujo.

3.

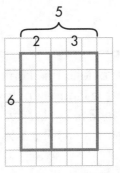

$6 \times \boxed{} = 6 \times (2 + \boxed{}) =$
$(\boxed{} \times 2) + (6 \times \boxed{})$

☆Práctica independiente☆

Para **4** y **5**, completa la ecuación que representa el dibujo.

4.

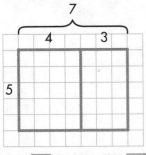

$5 \times \boxed{} = 5 \times (4 + \boxed{}) =$
$(\boxed{} \times 4) + (5 \times \boxed{})$

5.

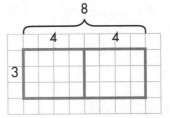

$3 \times \boxed{} = \boxed{} \times (4 + \boxed{}) =$
$(\boxed{} \times 4) + (\boxed{} \times \boxed{})$

Para **6**, escribe la ecuación que representa el dibujo.

6.

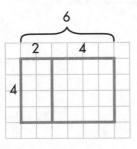

Puedes usar la propiedad distributiva como ayuda para hallar las áreas de los rectángulos cuando no sabes el producto de la longitud y el ancho iniciales.

Resolución de problemas

7. La semana pasada, Claudia vendió 3 caracoles a $5 cada uno y esta semana vendió 2 caracoles más a $5 cada uno. Muestra dos maneras de determinar cuánto dinero ganó Claudia en las dos semanas.

8. enVision® STEM Amit quiere reemplazar el techo de la casita de su perro con un nuevo material resistente al viento. El techo tiene dos lados rectangulares que miden 6 pies por 4 pies. ¿Cuál es el área total del techo?

9. Usar la estructura Carla tiene una lámina de fichas de 8 × 6. ¿Puede separar la lámina en dos láminas más pequeñas, de 8 × 4 y 8 × 2? ¿Las láminas más pequeñas tienen la misma área total que la lámina original? Explícalo.

10. Razonamiento de orden superior Escribe todas las maneras posibles de dividir el rectángulo de la derecha en 2 rectángulos más pequeños.

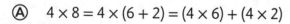

Práctica para la evaluación

11. ¿Qué ecuación representa el área total de las figuras verdes?

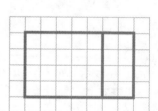

Ⓐ $4 \times 8 = 4 \times (6 + 2) = (4 \times 6) + (4 \times 2)$

Ⓑ $4 \times 7 = 4 \times (3 + 4) = (4 \times 3) + (4 \times 4)$

Ⓒ $4 \times 7 = 4 \times (4 + 3) = (4 \times 4) + (4 \times 3)$

Ⓓ $4 \times 7 = 4 \times (5 + 2) = (4 \times 5) + (4 \times 2)$

Nombre _____

Resuélvelo y coméntalo

El escritorio de la Sra. Marcum tiene la forma del siguiente dibujo. Se muestra la longitud de cada lado en pies. Halla el área del escritorio de la Sra. Marcum.

Puedo...

usar propiedades para hallar el área de figuras irregulares descomponiendo la figura en partes más pequeñas.

También puedo buscar patrones para resolver problemas.

Puedes buscar relaciones. Piensa en cómo puedes descomponer el problema en partes más sencillas.

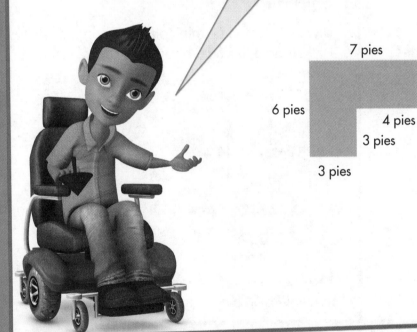

7 pies

3 pies

6 pies

4 pies

3 pies

3 pies

¡Vuelve atrás! ¿Cómo puedes comprobar tu respuesta? ¿Hay más de una manera de resolver este problema? Explícalo.

¿Cómo hallas el área de una figura irregular?

A

El Sr. Fox quiere cubrir un campo de minigolf con pasto artificial. Cada cuadrado de pasto artificial mide 1 pie cuadrado. ¿Cuál es el área del campo que el Sr. Fox necesita cubrir?

Busca relaciones. Piensa en las figuras más pequeñas que son partes de la figura más grande.

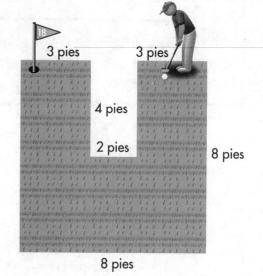

3 pies   3 pies

4 pies

2 pies   8 pies

8 pies

B Una manera

Puedes dibujar la figura en papel cuadriculado. Luego, cuenta las unidades cuadradas para hallar el área.

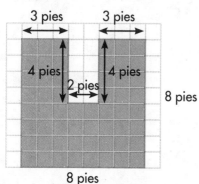

3 pies   3 pies

4 pies   4 pies

2 pies

8 pies

8 pies

El área del campo de minigolf es 56 pies cuadrados.

C Otra manera

Divide el campo de minigolf en rectángulos. Halla el área de cada rectángulo. Luego, suma las áreas.

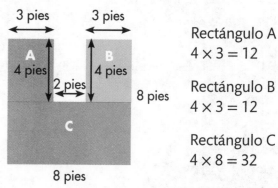

3 pies   3 pies

A   B

4 pies   4 pies

2 pies

C

8 pies

8 pies

Rectángulo A
$4 \times 3 = 12$

Rectángulo B
$4 \times 3 = 12$

Rectángulo C
$4 \times 8 = 32$

$12 + 12 + 32 = 56$. El área del campo de minigolf es 56 pies cuadrados.

¡Convénceme! **Usar la estructura** Halla otra manera de dividir el campo de minigolf en rectángulos más pequeños. Explica cómo puedes hallar el área del campo de minigolf a partir de esos rectángulos más pequeños.

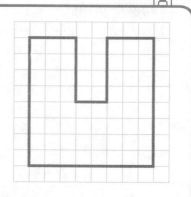

Nombre _____

☆ Práctica guiada

¿Lo entiendes?

1. Explica por qué puedes hallar el área del campo de minigolf de la página anterior usando diferentes rectángulos.

2. Explica qué operación usaste para hallar el área total de los rectángulos más pequeños.

¿Cómo hacerlo?

Para **3** y **4**, halla el área de las figuras. Usa papel cuadriculado como ayuda.

3.
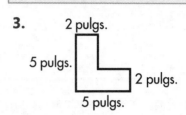
2 pulgs.
5 pulgs.
2 pulgs.
5 pulgs.

4.
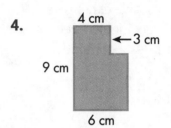
4 cm
← 3 cm
9 cm
6 cm

☆ Práctica independiente

Para **5** a **8**, halla el área de las figuras. Usa papel cuadriculado como ayuda.

5.
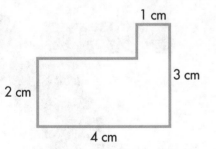
1 cm
3 cm
2 cm
4 cm

6.
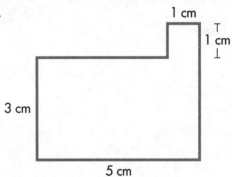
1 cm
1 cm
3 cm
5 cm

7.
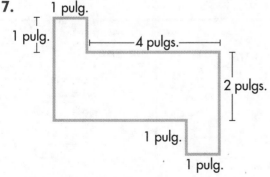
1 pulg.
1 pulg.
4 pulgs.
2 pulgs.
1 pulg.
1 pulg.

8.
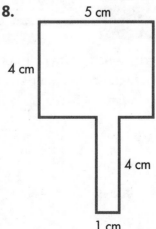
5 cm
4 cm
4 cm
1 cm

Tema 6 | Lección 6-6 **231**

Resolución de problemas

9. Razonar El Sr. Kendel está haciendo el plano de una casa como se muestra a la derecha. ¿Cuál es el área total? Explica tu razonamiento.

Plano de la casa

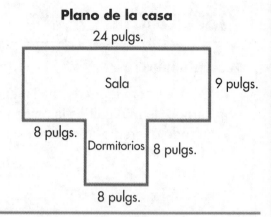

24 pulgs.

Sala

9 pulgs.

8 pulgs.

Dormitorios 8 pulgs.

8 pulgs.

---

10. (A-Z) **Vocabulario** Completa los espacios en blanco.

Para hallar el/la _____ de esta figura, Mandy la dividió en rectángulos. Félix obtuvo la misma respuesta contando

_____.

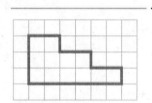

11. Álgebra Escribe una ecuación. Escribe un signo de interrogación para representar la incógnita o cantidad desconocida en la frase "seis por un número es igual a 24". Resuelve la ecuación.

---

12. Razonamiento de orden superior La Sra. Delancy usó fichas cuadradas de 3 pulgadas para hacer el diseño de la derecha. ¿Cuál es el área del diseño que hizo? Explica cómo hallaste la respuesta.

3 pulgs.

Práctica para la evaluación

13. Jared dibujó la figura de la derecha. Traza líneas para mostrar cómo se puede dividir la figura para hallar el área. Luego, selecciona el área correcta para la figura de la derecha.

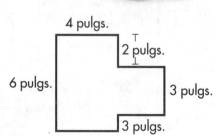

4 pulgs.

2 pulgs.

6 pulgs.

3 pulgs.

3 pulgs.

Ⓐ 6 pulgadas cuadradas

Ⓑ 24 pulgadas cuadradas

Ⓒ 30 pulgadas cuadradas

Ⓓ 33 pulgadas cuadradas

Nombre _____

Resuélvelo y coméntalo El Sr. Anderson quiere colocar baldosas en el piso de la cocina. No necesita baldosas para las áreas que cubren la isla y el mesón de la cocina. ¿Cuántos metros cuadrados de baldosas necesita el Sr. Anderson?

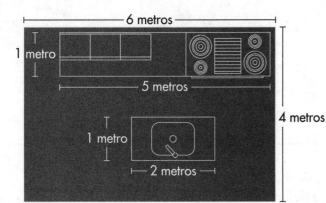

Puedo...
usar las relaciones entre las cantidades para descomponer un problema en partes más sencillas.

También puedo resolver problemas sobre áreas.

Hábitos de razonamiento

¡Razona correctamente! Estas preguntas te pueden ayudar.

- ¿Qué patrones puedo ver y describir?

- ¿Cómo puedo usar los patrones para resolver el problema?

- ¿Puedo ver las expresiones y los objetos de una manera diferente?

¡Vuelve atrás! **Usar la estructura** ¿El área cubierta por baldosas es mayor o menor que el área total de la cocina? Explícalo.

Pregunta esencial

¿Cómo puedes usar la estructura para resolver problemas?

A

Janet quiere pintar una puerta. Necesita pintar toda la puerta menos la ventana.

¿Cuál es el área de la parte de la puerta que necesita pintar Janet?

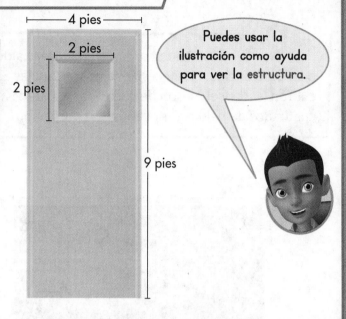

Puedes usar la ilustración como ayuda para ver la estructura.

4 pies
2 pies
2 pies
9 pies

¿Qué necesito hacer para resolver este problema?

Necesito hallar el área de la puerta sin la ventana.

B

¿Cómo puedo usar la estructura para resolver este problema?

Puedo

- descomponer el problema en partes más sencillas.

- hallar expresiones equivalentes.

C

Restaré el área de la ventana del área total.

Este es mi razonamiento...

Halla el área de la puerta entera.
4 pies × 9 pies = 36 pies cuadrados

Halla el área de la ventana.
2 pies × 2 pies = 4 pies cuadrados

Resta para hallar el área que hay que pintar.
36 − 4 = 32 pies cuadrados

El área de la parte de la puerta que necesito pintar es 32 pies cuadrados.

¡Convénceme! **Usar la estructura** Janet piensa en una manera diferente de resolver el problema. Dice: "Puedo dividir el área que hay que pintar en 4 rectángulos más pequeños. Luego, hallo el área de cada rectángulo más pequeño y sumo las 4 áreas". ¿Tiene sentido la estrategia de Janet? Explícalo.

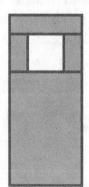

☆ Práctica guiada

Usar la estructura

Lil pegó cuentas en el borde del marco.
¿Cuál es el área de la parte que decoró con cuentas?

5 pulgadas

2 pulgadas

5 pulgadas

3 pulgadas

1. ¿De qué maneras puedes pensar en el área total del marco?

2. Usa lo que sabes para resolver el problema.

Una ilustración puede ayudarte a ver expresiones equivalentes. Piensa en la estructura.

☆ Práctica independiente

Usar la estructura

Un teclado tiene 10 teclas de caucho. Cada tecla mide 1 centímetro por 2 centímetros. El resto es de plástico. ¿El área de plástico es mayor que el área de las teclas de caucho?

7 centímetros

1	6
2	7
3	8
4	9
5	0

10 centímetros

3. ¿Cómo puedes descomponer el problema en partes más sencillas? ¿Cuál es la pregunta escondida?

4. ¿Cómo puedes hallar el área de todas las teclas de caucho?

5. Usa lo que sabes para resolver el problema.

Resolución de problemas

Mantel individual

Gina está diseñando un mantel individual. El centro mide 8 pulgadas por 10 pulgadas. Alrededor del centro coloca un borde de 2 pulgadas. Gina corta las esquinas del mantel para crear un octágono. Quiere hallar el área del mantel individual.

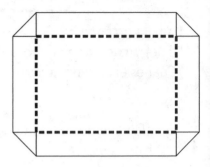

6. **Usar la estructura** ¿Cuáles son las longitudes y los anchos de las partes rectangulares del borde?

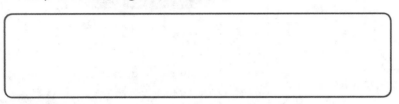

7. **Usar herramientas apropiadas** ¿Cómo puede hallar Gina el área de las 4 esquinas usando papel cuadriculado?

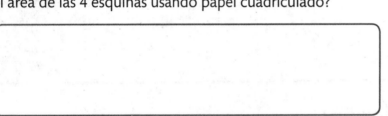

☐ = 1 pulg. cuadrada

8. **Representar con modelos matemáticos** ¿Qué ecuación puede usar Gina para hallar el área del centro? Halla el área del centro usando la ecuación.

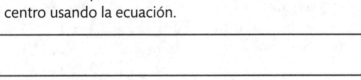

Usa la estructura para simplificar un problema.

9. **Razonar** ¿Cuál es la relación entre las cantidades en este problema?

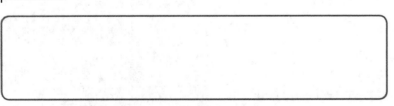

10. **Hacerlo con precisión** Resuelve el problema. Explica qué unidad usaste en la respuesta.

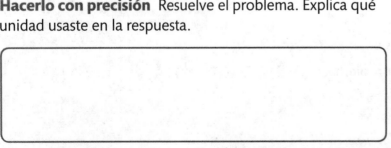

Sombrea una ruta que vaya desde la **SALIDA** hasta la **META**. Sigue los cocientes que sean números impares. Solo te puedes mover hacia arriba, hacia abajo, hacia la derecha o hacia la izquierda. Una vez que completes la ruta, escribe las familias de operaciones para cada uno de los cuadrados que coloreaste.

TEMA 6

Actividad de repaso de fluidez

Puedo...
multiplicar y dividir hasta 100.

También puedo hacer mi trabajo con precisión.

Salida				
15 ÷ 5	45 ÷ 5	40 ÷ 8	36 ÷ 4	6 ÷ 3
28 ÷ 7	12 ÷ 2	90 ÷ 9	63 ÷ 9	0 ÷ 8
48 ÷ 8	50 ÷ 5	81 ÷ 9	9 ÷ 3	56 ÷ 7
20 ÷ 5	48 ÷ 6	42 ÷ 6	10 ÷ 5	6 ÷ 1
30 ÷ 3	16 ÷ 8	35 ÷ 7	45 ÷ 9	56 ÷ 8

Meta

Repaso del vocabulario

A-Z
Glosario

Lista de palabras

- área
- columna
- fila
- hacer una estimación
- multiplicación
- producto
- propiedad distributiva
- unidad cuadrada

Comprender el vocabulario

Escoge el mejor término de la Lista de palabras. Escríbelo en el espacio en blanco.

1. Un/Una _____ tiene lados que miden 1 unidad de longitud cada uno.

2. El/La _____ es la cantidad de unidades cuadradas que cubre una región o figura.

3. Puedes usar el/la _____ para descomponer operaciones y hallar el/la _____.

4. Una unidad cuadrada tiene un área de 1 _____.

5. Al _____ se da una respuesta aproximada.

Escribe *siempre, a veces* o *nunca*.

6. El área se mide en metros cuadrados _____.

7. La multiplicación incluye la unión de grupos iguales _____.

8. El área de una figura puede representarse como la suma de las áreas de rectángulos más pequeños _____.

Usar el vocabulario al escribir

9. ¿Cuál es el área de este rectángulo? Explica cómo resolviste el problema. Usa al menos 3 términos de la Lista de palabras en tu respuesta.

Grupo A | páginas 209 a 212 _____

Una unidad cuadrada tiene lados que miden 1 unidad de longitud.

Cuenta las unidades cuadradas que cubren la figura. El total es el área de la figura.

□ = 1 unidad cuadrada

Diecisiete unidades cuadradas cubren la figura. El área de la figura es 17 unidades cuadradas.

A veces necesitas hacer una estimación para hallar el área. Primero, cuenta los cuadrados completos. Luego, estima los cuadrados que están parcialmente cubiertos.

Aproximadamente 6 unidades cuadradas cubren esta figura.

Recuerda que el área es la cantidad de unidades cuadradas que se necesitan para cubrir una región sin espacios ni superposiciones.

Refuerzo

Para **1** y **2**, cuenta para hallar el área. Indica si el área es una estimación.

1.

2.

Grupo B | páginas 213 a 216 _____

Las unidades cuadradas pueden ser de diferentes tamaños. El tamaño de una unidad cuadrada determina el área.

16 unidades cuadradas

4 unidades cuadradas

□ = 1 unidad cuadrada   □ = 1 unidad cuadrada

Área = 16 unidades cuadradas

Área = 4 unidades cuadradas

Las medidas son diferentes, porque se usaron unidades cuadradas de diferentes tamaños.

Recuerda que puedes usar unidades cuadradas para medir el área.

Dibuja unidades cuadradas para cubrir las figuras y halla el área. Usa las unidades cuadradas que se muestran.

1.

2.

□ = 1 unidad cuadrada   □ = 1 unidad cuadrada

Las siguientes unidades cuadradas representan pulgadas cuadradas.

¿Cuál es el área de la siguiente figura?

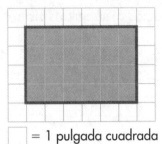

☐ = 1 pulgada cuadrada

Veinticuatro unidades cuadradas cubren la figura. El área de la figura se mide en pulgadas cuadradas.

Por tanto, el área de la figura es 24 pulgadas cuadradas.

Recuerda que puedes medir con unidades cuadradas que son unidades usuales o métricas de área.

Para **1** y **2**, cada unidad cuadrada representa una unidad estándar. Cuenta las unidades cuadradas y luego escribe el área.

1.

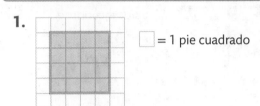

☐ = 1 pie cuadrado

2.

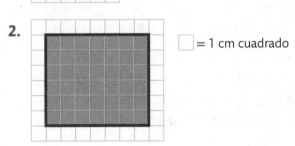

☐ = 1 cm cuadrado

Puedes hallar el área contando las filas y multiplicándolas por la cantidad de cuadrados en cada fila.

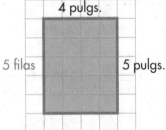

4 cuadrados en cada fila
4 pulgs.
5 filas
5 pulgs.

Hay 5 filas.
Hay 4 cuadrados en cada fila.

$5 \times 4 = 20$

El área de la figura es 20 pulgadas cuadradas.

Recuerda que para hallar el área, puedes multiplicar la cantidad de filas por la cantidad de cuadrados en cada fila.

Para **1** a **3**, halla el área de las figuras. Usa papel cuadriculado como ayuda.

1.

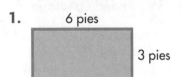

6 pies
3 pies

2.

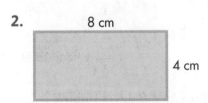

8 cm
4 cm

3.

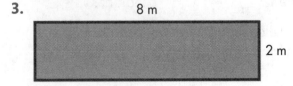

8 m
2 m

Nombre _____

Grupo E | páginas 225 a 228 _____

Puedes usar la propiedad distributiva para descomponer operaciones y hallar el producto.

Separa el lado de 5 unidades en dos partes.

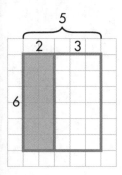

Área del rectángulo grande: $6 \times 5 = 30$

Áreas de los rectángulos pequeños:

$6 \times 2 = 12$

$6 \times 3 = 18$

Suma las dos áreas: $12 + 18 = 30$.

Puedes escribir una ecuación para mostrar que el área del rectángulo grande es igual a la suma de las áreas de los dos rectángulos pequeños.

$6 \times 5 = 6 \times (2 + 3) = (6 \times 2) + (6 \times 3)$

Cuando divides un rectángulo en dos rectángulos más pequeños, ¡el área total no cambia!

Recuerda que puedes separar un rectángulo en dos rectángulos más pequeños con la misma área total.

Para **1** a **3**, escribe las ecuaciones que representan el área total de las figuras rojas. Halla el área.

1.

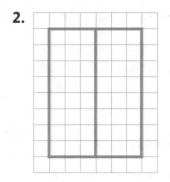

2.

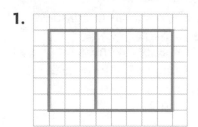

3.

Halla el área de la figura irregular.

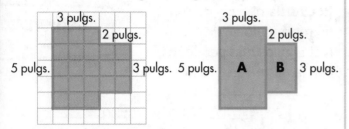

Recuerda que puedes sumar áreas más pequeñas para hallar un área total.

Puedes dibujar la figura en papel cuadriculado y contar las unidades cuadradas.
El área de la figura es 21 pulgadas cuadradas.

También puedes dividir la figura en rectángulos. Halla el área de los rectángulos y súmalas.

$5 \times 3 = 15$ pulgadas cuadradas

$3 \times 2 = 6$ pulgadas cuadradas

$15 + 6 = 21$ pulgadas cuadradas

1.

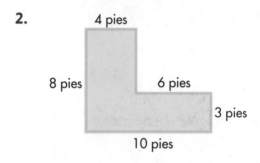

2.

Piensa en tus respuestas a estas preguntas para ayudarte a **usar la estructura** para resolver problemas.

Hábitos de razonamiento

- ¿Qué patrones puedo ver y describir?

- ¿Cómo puedo usar los patrones para resolver el problema?

- ¿Puedo ver las expresiones y los objetos de una manera diferente?

Recuerda que puedes buscar maneras más sencillas de representar un área.

Debra hizo este diseño con fichas de 1 pulgada cuadrada. ¿Cuál es el área de las fichas azules?

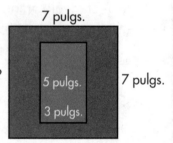

1. ¿Cómo puedes representar el área de las fichas azules?

2. Resuelve el problema. Explica cómo lo resolviste.

Nombre _____

TEMA 6

1. Cuenta para hallar el área de la figura. Indica si el área es exacta o es una estimación.

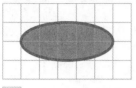

☐ = 1 unidad cuadrada

2. Usa la propiedad distributiva para escribir la ecuación que representa el dibujo. Luego, indica el área de cada rectángulo más pequeño y del rectángulo grande.

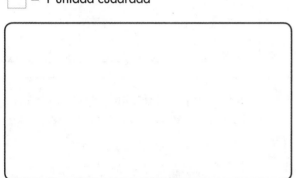

3. Luis dice que la siguiente figura tiene un área de 4 metros cuadrados. ¿Tiene razón? Explícalo.

Práctica para la evaluación

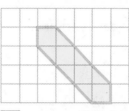

☐ = 1 cm cuadrado

4. Selecciona todas las maneras de descomponer el área del rectángulo grande en la suma de las áreas de dos rectángulos más pequeños. Luego, indica el área del rectángulo grande.

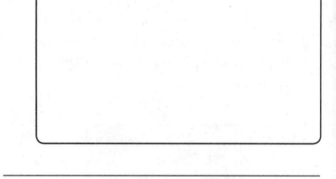

☐ $5 \times 7 = 5 \times (1 + 5) = (5 \times 1) + (5 \times 5)$

☐ $5 \times 7 = 5 \times (3 + 4) = (5 \times 3) + (5 \times 4)$

☐ $5 \times 7 = 5 \times (2 + 3) = (5 \times 2) + (5 \times 3)$

☐ $5 \times 7 = 5 \times (1 + 6) = (5 \times 1) + (5 \times 6)$

☐ $5 \times 7 = 5 \times (2 + 5) = (5 \times 2) + (5 \times 5)$

Área = ☐ pulgadas cuadradas

5. ¿Cuál es el área total del siguiente diseño?

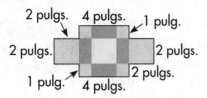

2 pulgs.   4 pulgs.   1 pulg.

2 pulgs.   2 pulgs.

2 pulgs.

1 pulg.   4 pulgs.

Ⓐ $4 \times 4 = 16$ pulgadas cuadradas

Ⓑ $(4 \times 4) + (2 \times 2) =$
    20 pulgadas cuadradas

Ⓒ $(4 \times 4) + (2 \times 2) + (2 \times 2) =$
    24 pulgadas cuadradas

Ⓓ $8 \times 4 = 32$ pulgadas cuadradas

---

6. José dibujó un rectángulo. Explica cómo se halla el área usando la propiedad distributiva.

9 pies

5 pies

7. Fran tiene un lecho de flores cuadrado. Un lado del lecho mide 3 pies de longitud. ¿Cómo puedes hallar el área del lecho de flores?

---

8. Halla la longitud del lado que falta. Luego, halla el área y explica cómo hallarla.

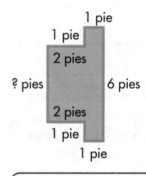

1 pie

1 pie

2 pies

? pies   6 pies

2 pies

1 pie

1 pie

---

9. Este rectángulo tiene un área de 56 centímetros cuadrados. ¿Cuál es la longitud que falta? Usa una ecuación para explicarlo.

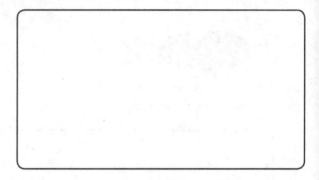

? cm

7 cm

10. ¿Cuál es el área de la figura de Raúl? Explícalo.

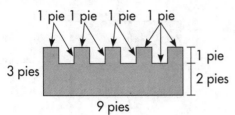

1 pie 1 pie 1 pie 1 pie

3 pies

1 pie

2 pies

9 pies

11. Mónica hizo un mosaico con cuadrados de vidrio de 1 pulgada, como el que se muestra a continuación. ¿Qué color del mosaico tiene el área mayor?

12. Selecciona la longitud de lado correcta para cada cuadrado dada su área.

	6 pies	9 pies	7 pies	4 pies
16 pies cuadrados	❏	❏	❏	❏
49 pies cuadrados	❏	❏	❏	❏
81 pies cuadrados	❏	❏	❏	❏
36 pies cuadrados	❏	❏	❏	❏

13. Explica cómo hallar el área de cada rectángulo y el área total de los rectángulos.

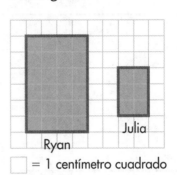

Julia

Ryan

⬜ = 1 centímetro cuadrado

14. Unos estudiantes de Springfield construyeron una carroza con la letra *S* para un desfile. Traza líneas para dividir la figura en rectángulos. Luego, halla cuántos pies cuadrados mide la letra.

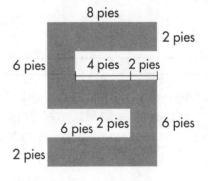

8 pies

2 pies

6 pies

4 pies   2 pies

6 pies   2 pies   6 pies

2 pies

Ⓐ   28 pies cuadrados

Ⓑ   54 pies cuadrados

Ⓒ   56 pies cuadrados

Ⓓ   90 pies cuadrados

15. Max dibujó 2 rectángulos con un área de 24 centímetros cuadrados cada uno. ¿Cuáles pueden ser las longitudes de los lados de los rectángulos de Max? Muestra cómo puedes usar la propiedad distributiva para representar el área en cada caso.

16. Un centro comunitario construyó un salón de actividades con la forma que se muestra en la siguiente figura. Explica cómo hallar el área del salón y resuelve el problema.

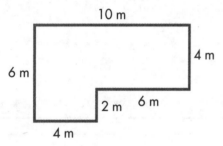

17. Muestra 2 unidades cuadradas que puedas usar para medir el área de estos rectángulos. Halla el área con esas unidades cuadradas.

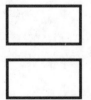

18. Esteban quiere saber el área de la parte amarilla de este diseño.

A. Explica cómo puedes descomponer este problema en problemas más sencillos.

B. Halla el área amarilla. Muestra tu trabajo.

Nombre _____

Diseñar un cartel

Jessie está diseñando un cartel que tiene secciones rojas, azules y blancas.
La lista **Detalles del cartel** muestra las reglas de cada color.
El diagrama **Cartel de Jessie** muestra las diferentes secciones del cartel.

Detalles del cartel

- Las secciones rojas deben tener un área total mayor que 40 pulgadas cuadradas.
- Las secciones azules deben tener un área total mayor que 30 pulgadas cuadradas.
- La sección blanca debe tener un área total menor que 40 pulgadas cuadradas.

Para **1**, usa el diagrama **Cartel de Jessie**.

1. Jessie empezó a hacer esta tabla para comprobar si el cartel respeta las reglas. Completa la tabla. Usa la multiplicación y la suma si es necesario.

Cartel de Jessie

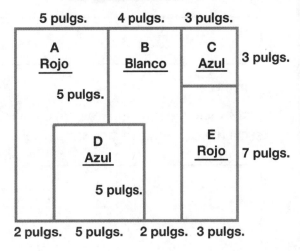

Sección	Color	Cómo se halla el área	Área
A	Rojo		
B	Blanco		
C	Azul		9 pulgadas cuadradas
D	Azul		
E	Rojo	7×3	

Para **2**, usa la tabla anterior y la lista **Detalles del cartel**.

2. ¿El cartel de Jessie cumple con los totales de la lista **Detalles del cartel**? Explícalo.

3. Jessie hace una insignia cuadrada para colocar en la parte superior del cartel.

Parte A

Dibuja unidades cuadradas para cubrir la insignia. ¿Cuántas unidades cuadradas cubren la insignia?

La insignia de Jessie

◻ = 1 cm cuadrado

Parte B

Jessie dice que si multiplica para comprobar el área, esta será igual que si cuenta cada unidad cuadrada. ¿Tiene razón? Explícalo.

4. Jessie usa dos colores para hacer la insignia. Los colores tienen áreas diferentes.

Parte A

Explica cómo se puede separar el cuadrado en dos rectángulos más pequeños con áreas diferentes. Usa la multiplicación para hallar el área de cada uno de los rectángulos más pequeños.

Parte B

¿El área del cuadrado es igual al área total de los dos rectángulos más pequeños? Usa una ecuación para explicarlo.

Representar e interpretar datos

Pregunta esencial: ¿Cómo se pueden representar, analizar e interpretar los datos?

Recursos digitales

Libro del estudiante

Aprendizaje visual

Práctica

Evaluación

Herramientas

Glosario

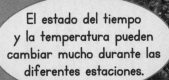

El estado del tiempo y la temperatura pueden cambiar mucho durante las diferentes estaciones.

Las estaciones pueden causar un gran impacto en nuestra vida diaria.

¡Es mejor que me prepare para la estación que viene! Este es un proyecto sobre las estaciones y los datos.

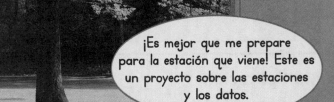

Proyecto de enVision STEM: Las estaciones

Investigar Usa la Internet u otros recursos para hallar información sobre los patrones de temperatura en las diferentes estaciones en el área donde vives. Incluye información sobre el promedio mensual de temperatura y el récord de temperatura más alta y más baja.

Diario: Escribir un informe Incluye lo que averiguaste. En tu informe, también:

- durante una semana, anota la temperatura máxima y mínima diaria en el lugar donde vives. Haz una gráfica para representar esta información.

- halla la diferencia entre las temperaturas diarias máximas y las mínimas de tu gráfica.

Nombre_____

Repasa lo que sabes

A-Z Vocabulario

Escoge el mejor término del recuadro.
Escríbelo en el espacio en blanco.

> • grupos iguales • múltiplos
> • multiplicación • recta numérica

1. Los _____ tienen la misma cantidad de elementos.

2. Se puede usar una _____ como ayuda para comparar números.

3. La _____ se usa para hallar un total cuando se unen grupos iguales.

Multiplicación

Para **4** y **5**, completa la ecuación.

4. $5 \times 3 =$ ____

5. $3 \times$ ____ $= 21$

6. Haz un diagrama de barras para representar 4×6.

Multiplicación en la recta numérica

7. Ed compró 2 bolsas de toronjas. Hay 6 toronjas en cada bolsa. ¿Cuántas toronjas compró? Dibuja saltos en la recta numérica para hallar la respuesta.

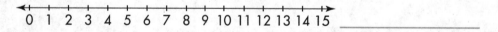

0 1 2 3 4 5 6 7 8 9 10 11 12 13 14 15 _____

8. Muestra la operación de multiplicación 3×4 en la recta numérica. Escribe el producto.

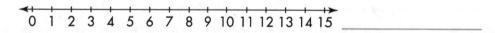

0 1 2 3 4 5 6 7 8 9 10 11 12 13 14 15 _____

Hallar el área

9. Halla el área del rectángulo.

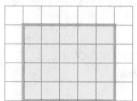

☐ = 1 pulgada cuadrada _____

Nombre _____

PROYECTO 7A

¿Cómo se imprime un libro?

Proyecto: Reúne datos y haz pictografías

PROYECTO 7B

¿Te gustaría vivir en una ciudad?

Proyecto: Haz una gráfica de barras sobre ciudades y pueblos

PROYECTO 7C

¿Cuál es tu animal favorito?

Proyecto: Desarrolla una pictografía sobre los animales

Representación matemática

▶ Video

Columpios y toboganes

Antes de ver el video, piensa:

En las áreas de juego hay muchos espacios y objetos diferentes. Un área de juegos construida para niños pequeños tiene un aspecto diferente que un área de juegos para niños más grandes.

Puedo...

representar con modelos matemáticos para resolver un problema relacionado con analizar datos para tomar decisiones.

Nombre _____

Resuélvelo y coméntalo

Los estudiantes de la clase de Jorge hicieron una encuesta de sus cereales preferidos e hicieron esta pictografía para mostrar los resultados. Di al menos tres cosas sobre los datos de la gráfica.

Puedo...
usar pictografías y gráficas de barras para responder preguntas sobre conjuntos de datos.

También puedo buscar patrones para resolver problemas.

Puedes usar la estructura. ¿Cómo puedes hallar cuántos votos tuvo cada tipo de cereal?

Cereales preferidos

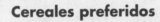

Crocantes de fruta	✗✗✗✗ ↗
Granola y miel	✗✗
Copos de maíz	✗✗✗↗
Nueces y trigo	✗✗✗✗✗

Cada ✗ = 2 votos. Cada ↗ = 1 voto.

¡Vuelve atrás! ¿Qué representan los dos símbolos en la gráfica?

Pregunta esencial **¿Cómo puedes leer pictografías?**

A

¿Cuántos equipos hay en la liga Cascada Este?

Los datos son la información que recopilas. Una pictografía a escala usa dibujos o símbolos para mostrar los datos.

La escala es el valor que representa cada dibujo o símbolo.

Equipos de hockey de cada liga	
Cascada Este	✗ ✗ ✗ ╱
Cascada Norte	✗ ✗ ╱
Cascada Sur	✗ ✗
Cascada Oeste	✗ ✗ ✗ ✗ ✗ ╱

Cada ✗ = 2 equipos.
Cada ╱ = 1 equipo.

La clave explica la escala que se usó en la gráfica.

B

Usa la clave.

Mira los datos para la liga Cascada Este.

Hay 3 ✗ y 1 ╱.

Los 3 ✗ representan $3 \times 2 = 6$ equipos.

1 ╱ representa $1 \times 1 = 1$ equipo.

$6 + 1 = 7$

Hay 7 equipos en la liga Cascada Este.

C

¿Cuántos equipos más que la liga Cascada Sur tiene la liga Cascada Este?

Usa la pictografía para escribir ecuaciones y comparar las dos filas.

Cascada Este   ✗ ✗ ✗ ╱
$3 \times 2 + 1 = 7$

Cascada Sur   ✗ ✗
$2 \times 2 = 4$
Resta: $7 - 4 = 3$

La liga Cascada Este tiene 3 equipos más que la liga Cascada Sur.

¡Convénceme! **Hacerlo con precisión** Di algo que puedas averiguar sobre cada liga en la pictografía.

Otro ejemplo

Una gráfica de barras a escala usa barras para representar y comparar información. Esta gráfica de barras muestra la cantidad de goles que anotaron los diferentes jugadores de un equipo de hockey. La escala muestra las unidades usadas.

En esta gráfica de barras, cada línea horizontal representa dos unidades. Cada dos líneas, hay un rótulo 0, 4, 8 y así sucesivamente. Por ejemplo, la línea que se encuentra entre el 4 y el 8 representa 6 goles.

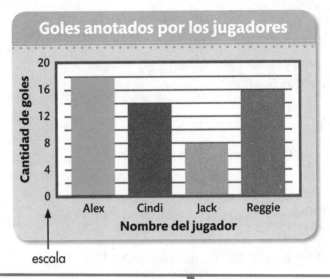

escala

☆ Práctica guiada

¿Lo entiendes?

Para **1** y **2**, usa la gráfica de barras anterior.

1. ¿Cuántos goles anotaron Alex y Reggie en total?

¿Cómo hacerlo?

2. Explica cómo hallar cuántos goles menos que Alex anotó Cindi.

☆ Práctica independiente

Para **3** a **5**, usa la pictografía.

3. ¿Qué lugar tiene la luz prendida exactamente 50 horas por semana?

4. ¿Qué representa el medio foco en los datos para la sala de ejercicios?

5. En una semana, ¿cuántas horas más que en la piscina está prendida la luz en la sala de ejercicios?

Horas de uso de la luz en el centro deportivo
Cantidad de horas que la luz está prendida por semana

Sala de ejercicios	🔆🔆🔆🔆🔆🔆🔆
Vestidores	🔆🔆🔆🔆🔆🔆🔆🔆
Piscina	🔆🔆🔆
Cancha de tenis	🔆🔆🔆🔆🔆

Cada 🔆 = 10 horas. Cada 🔆 = 5 horas.

Resolución de problemas

Para **6** a **8**, usa la pictografía.

6. Razonar ¿En que días puedes usar la expresión 9 × 7 para hallar cuántos puntos se anotaron?

Puntajes del equipo de fútbol americano

Octubre 3	🏈🏈🏈🏈🏈🏈🏈🏈🏈
Octubre 10	🏈🏈🏈🏈🏈🏈🏈🏈🏈
Octubre 17	🏈🏈🏈🏈🏈🏈
Octubre 24	🏈🏈🏈🏈🏈🏈🏈

Cada 🏈 = 7 puntos.

7. ¿Qué días anotó menos de 50 puntos el equipo de fútbol americano?

8. Razonamiento de orden superior ¿Cuántos puntos más que el 3 y el 17 de octubre anotó el equipo el 10 y el 24 de octubre?

✓ Práctica para la evaluación

Para **9** y **10**, usa la gráfica de barras de la derecha.

9. ¿Cuántas millas por hora más que la velocidad máxima del perro cazador del Cabo es la del guepardo?

Ⓐ 25 millas por hora

Ⓑ 30 millas por hora

Ⓒ 35 millas por hora

Ⓓ 40 millas por hora

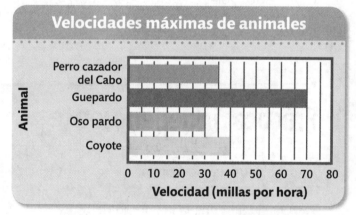

Velocidades máximas de animales

10. ¿Cuántas millas por hora menos que la velocidad máxima del coyote y del perro cazador del Cabo combinadas es la del oso pardo?

Ⓐ 40 millas por hora

Ⓑ 45 millas por hora

Ⓒ 50 millas por hora

Ⓓ 55 millas por hora

Tienes que mirar la escala cuando lees información en las gráficas de barras.

Nombre _____

Resuélvelo y coméntalo Mary ayuda a su maestro a contar los nuevos artículos para el área de juego de la escuela. Anota los datos en una tabla de frecuencias. Usa los datos de la tabla para completar la pictografía. Escribe dos enunciados sobre la gráfica una vez que la hayas completado.

Puedo...
hacer una pictografía para anotar información y responder preguntas sobre un conjunto de datos.

También puedo entender bien los problemas.

Artículos para el área de juegos		
Artículos	**Conteo**	**Cantidad**
Pelotas de básquetbol	ʜʜ ʜʜ	10
Cuerdas de saltar	ʜʜ ʜʜ	10
Bates	ʜʜ	5
Pelotas de fútbol	ʜʜ ʜʜ ʜʜ	15

DATOS

Pelotas de básquetbol	
Cuerdas de saltar	
Bates	
Pelotas de fútbol	

Cada ⬤ = 2 artículos. Cada ◖ = 1 artículo.

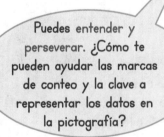

Puedes entender y perseverar. ¿Cómo te pueden ayudar las marcas de conteo y la clave a representar los datos en la pictografía?

¡Vuelve atrás! ¿Cómo supiste cuántos símbolos tenías que dibujar para representar las cuerdas de saltar?

Aprendizaje visual | A-Z Glosario

 Pregunta esencial **¿Cómo haces una pictografía?**

A

Sam anotó la cantidad de cada tipo de bicicleta que vendió una tienda durante un mes. Hizo una **tabla de frecuencias**. Usa la tabla para hacer una **pictografía**.

También puedes recopilar datos haciéndole preguntas a las personas con una encuesta.

DATOS

Tipos de bicicletas vendidas

Tipo de bicicleta	Conteo	Cantidad
De niño	⅂⅂⅂⅂ ⅂⅂⅂⅂	10
De niña	⅂⅂⅂⅂ ⅂⅂⅂⅂ ⅂⅂⅂⅂ ⅂⅂⅂⅂	20
De entrenamiento	⅂⅂⅂⅂ ⅂⅂⅂⅂ ⅂⅂⅂⅂	15
De carreras	⅂⅂⅂⅂ ⅂⅂⅂⅂	10

B Escribe un título para la pictografía.

El título es "Tipos de bicicletas vendidas".

Escoge un símbolo para la clave. Decide lo que representa el símbolo y el medio símbolo.

Cada △ significa 10 bicicletas.

Cada ◿ significa 5 bicicletas.

Se usa un medio símbolo para representar 5 bicicletas porque 5 es la mitad de 10.

C Prepara la gráfica y haz una lista de los tipos de bicicletas. Decide cuántos símbolos necesitas para cada cantidad de bicicletas vendidas. Dibuja los símbolos.

Tipos de bicicletas vendidas

De niño	△
De niña	△ △
De entrenamiento	△ ◿
De carreras	△

Cada △ = 10 bicicletas.
Cada ◿ = 5 bicicletas.

¡Convénceme! **Representar con modelos matemáticos** Supón que también se vendieron 25 bicicletas de montaña. Dibuja símbolos para mostrar una fila para las bicicletas de montaña en la pictografía. Explica cómo lo decidiste.

Nombre ______________________________

Práctica guiada

¿Lo entiendes?

Para **1** y **2**, usa la pictografía de la página anterior.

1. Explica los símbolos usados para la cantidad de bicicletas de entrenamiento vendidas.

2. Si la clave fuera ▲ = 2 bicicletas, ¿cuántos símbolos se usarían para representar las bicicletas de niño vendidas? ¿Y para representar las bicicletas de niña vendidas?

¿Cómo hacerlo?

3. Usa la tabla para completar la pictografía.

DATOS

Almuerzo escolar preferido

Almuerzo	Conteo	Cantidad
Taco	//	2
Pizza	卌 ///	8
Ensalada	///	3

Almuerzo escolar preferido

Taco	
Pizza	
Ensalada	

Cada [bolsa] = 2 votos.
Cada [media bolsa] = 1 voto.

Práctica independiente

Para **4** a **6**, usa los datos de la tabla.

DATOS

Goles de cada equipo

Nombre del equipo	Conteo	Cantidad
Cachorros	卌 卌	10
Halcones	卌 卌 卌 卌	20
Leones	卌 卌 卌 卌 卌 卌	30
Correcaminos	卌 卌 卌	15

4. Completa la pictografía.

____

Cachorros	
Halcones	
Leones	
Correcaminos	

Cada ● = __ goles. Cada ◖ = __ goles.

5. ¿Qué dos equipos anotaron más goles: los Cachorros y los Leones o los Halcones y los Correcaminos?

6. Explica cómo decidiste cuántos símbolos hay que dibujar para mostrar los goles de los Correcaminos.

Resolución de problemas

Para **7** a **9**, usa la tabla de frecuencias de la derecha.

7. Usar herramientas apropiadas Selecciona y usa herramientas apropiadas como ayuda para hacer una pictografía para mostrar los datos de la tabla.

DATOS

Verduras preferidas		
Tipo	Conteo	Cantidad
Maíz	////	4
Habichuelas verdes	//	2
Tomates	//////	5

8. ¿Cuál es la diferencia entre el número impar y la suma de los números pares de la tabla?

9. Pregúntales a seis estudiantes de tu clase cuál de las tres verduras es su favorita. Anota las respuestas en tu pictografía.

10. Razonamiento de orden superior Supón que vas a hacer una pictografía para mostrar los datos de la tabla de la librería de Simón. Escoge un símbolo que represente 5 libros vendidos. Dibuja la fila de los libros de ficción vendidos. Justifica tu dibujo.

DATOS

Librería de Simón	
Tipo de libro	Cantidad vendida
Ficción	25
No ficción	40
Poesía	20
Diccionario	15

Práctica para la evaluación

11. En el vivero se vendieron 25 plantas en abril, 30 plantas en mayo y 35 plantas en junio. Completa la pictografía para mostrar estos datos. Escoge los símbolos que usarás.

Plantas vendidas en el vivero	
Abril	
Mayo	
Junio	

Cada ____ = 10 plantas.   Cada ____ =5 plantas.

Nombre _____

Resuélvelo y coméntalo

Usa los datos de la siguiente tabla para completar la gráfica de barras. ¿Qué conclusiones puedes hacer al analizar la gráfica de barras?

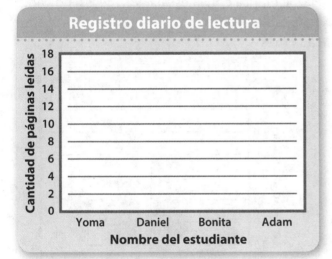

DATOS

Registro diario de lectura

Nombre del estudiante	Cantidad de páginas leídas
Yoma	13
Daniel	10
Bonita	10
Adam	6

Puedo...

hacer una gráfica de barras para anotar información y responder preguntas sobre conjuntos de datos.

También puedo razonar sobre las matemáticas.

Registro diario de lectura

Cantidad de páginas leídas

18
16
14
12
10
8
6
4
2
0

Yoma   Daniel   Bonita   Adam

Nombre del estudiante

Puedes razonar. Puedes usar los datos de la tabla como ayuda para dibujar las barras de la gráfica.

¡Vuelve atrás! ¿Cómo te pueden ayudar las herramientas, como una regla, a crear una gráfica de barras?

Pregunta esencial ¿Cómo haces una gráfica de barras?

A

Greg hizo una tabla para mostrar la cantidad de dinero que ahorró cada mes dando clases. Usa los datos de la tabla para hacer una gráfica de barras.

DATOS

Cantidad que Greg ahorró por mes	
Mes	Cantidad ahorrada
Enero	$25
Febrero	$50
Marzo	$65
Abril	$40

Una gráfica de barras facilita la comparación de los datos.

B

Escribe un título. Usa el mismo título que el de la tabla.

El título de esta gráfica de barras es **Cantidad que Greg ahorró por mes.**

Escoge la escala. Decide cuántas unidades representa cada línea de la cuadrícula.

Cada línea de la cuadrícula representa $10.

C

Haz la gráfica con la escala, los meses indicados en la tabla y los rótulos. Dibuja una barra para cada mes.

¡Convénceme! **Hacerlo con precisión** Escribe nuevas cantidades que ahorró Greg en los 4 meses siguientes. Ten en cuenta la escala.

En mayo, Greg ahorró _____.

En junio, Greg ahorró _____.

En julio, Greg ahorró _____.

En agosto, Greg ahorró _____.

Dibuja barras en la gráfica para mostrar los nuevos datos.

Nombre _____

☆ Práctica guiada

¿Lo entiendes?

> Para **1** a **3**, usa la gráfica de barras de la página anterior.

1. Explica por qué la barra de enero termina entre 20 y 30.

2. Supón que Greg ahorró $35 en mayo. ¿Entre qué líneas de la cuadrícula terminaría la barra de mayo?

3. ¿Cómo puedes saber cuánto más que en abril ahorró Greg en febrero?

¿Cómo hacerlo?

4. Usa la tabla para completar la gráfica de barras.

Cantidad de personas que se inscribieron en las clases		
Clase	Conteo	Cantidad de personas
Ajedrez	卌 I	6
Guitarra	卌 卌	10
Pintura	卌 II	7
Redacción	卌 IIII	9

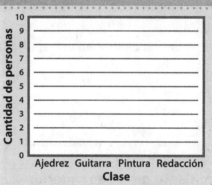

Cantidad de personas que se inscribieron en las clases

☆ Práctica independiente ☆

> Para **5**, usa la tabla de la derecha.

5. Completa la gráfica de barras para mostrar los datos.

Tienda de ropa preferida		
Tienda	Conteo	Cantidad de votos
El Mercado	卌 卌 卌	15
Moda Juani	卌 卌 卌 卌 卌 卌	30
Trapos	卌 卌 卌 卌	20
Supermoda	卌	5

Resolución de problemas

Para **6** a **8**, usa la tabla de la derecha.

6. Haz una gráfica de barras para mostrar los datos.

Tipo preferido de película

Tipo de película	Aventuras	Dibujos animados	Comedia	Ciencia ficción
Cantidad de votos	16	7	10	6

7. Construir argumentos ¿Qué dos tipos de película recibieron aproximadamente la misma cantidad de votos? Explica cómo se puede usar la gráfica de barras para hallar la respuesta.

8. Cada boleto de cine cuesta $8. Joel compra boletos para las personas que votaron por ciencia ficción. ¿Cuánto cambio recibirá si paga con $50?

9. Razonamiento de orden superior Supón que vas a hacer una gráfica de barras para mostrar los datos de la tabla de la derecha. ¿Qué escala usarías? Explícalo.

Velocidad de las aves

Tipo de ave	Velocidad de vuelo (millas por hora)
Sinsonte	95
Halcón peregrino	180
Vencejo	105

Práctica para la evaluación

10. Tanji recopiló datos sobre los colores de los zapatos de sus amigos. Ocho amigos tienen zapatos negros. Cinco amigos tienen zapatos azules. Siete amigos tienen zapatos blancos. Usa los datos de Tanji para completar la gráfica de barras.

Zapatos de los amigos

264   **Tema 7** | Lección 7-3

Nombre ____________________

Lección 7-4
Resolver problemas verbales usando la información de gráficas

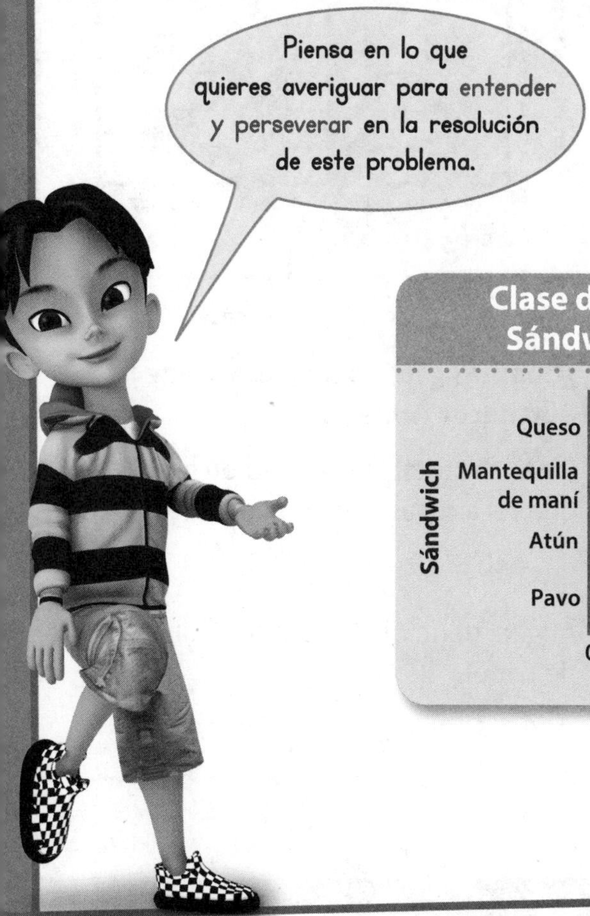

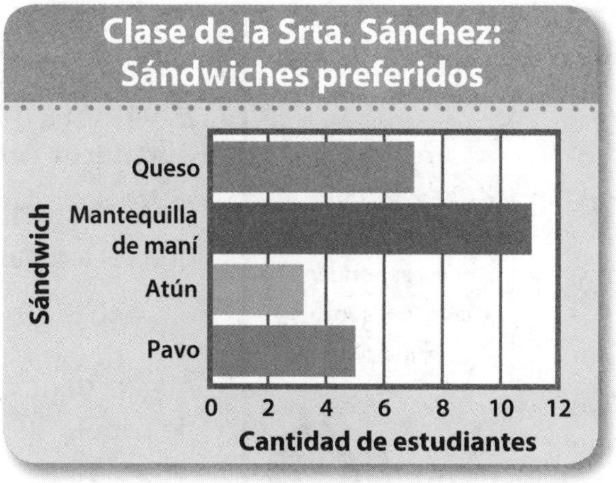

Puedo...
usar gráficas y otras herramientas para resolver problemas verbales.

También puedo entender bien los problemas.

Resuélvelo y coméntalo Los estudiantes de la clase de la Srta. Sánchez votaron por su sándwich favorito. ¿Cuántos estudiantes más que por el de queso votaron por el sándwich de mantequilla de maní? ¿Cuántos estudiantes menos que por el de mantequilla de maní votaron por el de atún?

Piensa en lo que quieres averiguar para entender y perseverar en la resolución de este problema.

Clase de la Srta. Sánchez: Sándwiches preferidos
Sándwich
Queso
Mantequilla de maní
Atún
Pavo
0
2
4
6
8
10
12
Cantidad de estudiantes

¡Vuelve atrás! ¿Cuál es la escala de esta gráfica? ¿Cómo sabes cuántos votos representa una barra si está entre dos líneas en esta gráfica?

Pregunta esencial

¿Cómo puedes resolver problemas usando las gráficas?

A

Ángela quiere darles un total de 60 grullas de papel a Carla y a Mónica. La gráfica de barras muestra cuántas grullas de papel ya tienen sus amigas. ¿Cuántas grullas de papel más necesita hacer Ángela para que Carla y Mónica tengan 60 grullas de papel en total?

¡Este problema tiene una pregunta escondida!

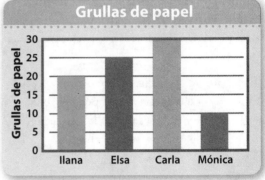

Grullas de papel

B Resuelve la pregunta escondida.

¿Cuántas grullas de papel ya tienen Carla y Mónica?

Usa la escala para hallar cuántas grullas de papel tiene Carla y cuántas tiene Mónica. Luego, suma.

Carla tiene 30 grullas de papel. Mónica tiene 10 grullas de papel.

$30 + 10 = 40$

Entre las dos tienen 40 grullas de papel.

Recuerda que todavía tienes que responder a la pregunta principal.

C Resuelve la pregunta principal.

¿Cuántas grullas de papel tiene que hacer Ángela?

Resta del total la cantidad de grullas que las amigas ya tienen.

$60 - 40 = 20$

Ángela tiene que hacer 20 grullas de papel.

¡Convénceme! **Evaluar el razonamiento** Ángela dice: "Quiero que Ilana y Elsa también tengan 60 grullas en total. Puedo restar dos veces para hallar cuántas grullas más tengo que hacer para ellas". ¿Tiene razón Ángela? Explícalo.

Nombre _____

☆ Práctica guiada

¿Lo entiendes?

1. Mira la gráfica de la página anterior. Explica si sumarías, restarías, multiplicarías o dividirías para hallar cuántas grullas de papel más que Mónica ya tiene Carla.

2. ¿Cómo te ayuda la gráfica de barras a comparar datos?

¿Cómo hacerlo?

Para **3**, usa la gráfica de barras.

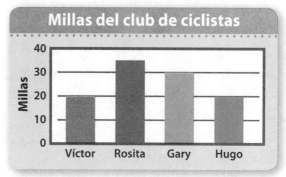

Millas del club de ciclistas

3. ¿Cuántas millas más que Rosita recorrieron Hugo y Víctor?

☆ Práctica independiente

Para **4** a **6**, usa la pictografía de la derecha.

4. ¿Cuántas camisetas rojas más que en El ropero se vendieron en Última moda?

5. ¿Cuántas camisetas verdes menos que en Última moda se vendieron en El ropero?

6. ¿Cuántas camisetas azules y rojas combinadas más que camisetas verdes en Última moda se vendieron en El ropero?

Gran venta de camisetas		
	El ropero	**Última moda**
Azul	👕👕▮	👕
Roja	👕👕	👕👕▮
Verde	▮	👕👕👕

Cada 👕 = 10 camisetas. Cada ▮ = 5 camisetas.

Al usar la clave, puedes ver que cada media camiseta es igual a 5 camisetas en la gráfica.

Resolución de problemas

Para **7** a **9**, usa la gráfica de barras de la derecha.

7. **Sentido numérico** ¿Cuántas personas votaron por su tipo de ejercicio favorito? ¿Cómo puedes hallar la respuesta?

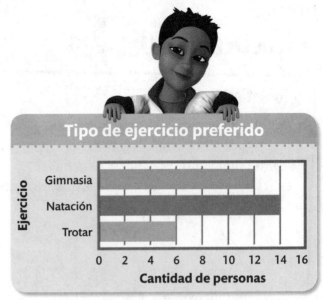

Tipo de ejercicio preferido

8. **Construir argumentos** ¿Cuántas personas más que por trotar votaron por la gimnasia? ¿Cómo lo sabes?

9. ¿Cuántas personas menos que por la gimnasia y trotar combinados votaron por la natación?

10. Leslie entrega periódicos de lunes a sábado. Entrega 6 periódicos cada día de la semana y 16 periódicos los sábados. ¿Cuántos periódicos entrega Leslie durante toda la semana?

11. **Razonamiento de orden superior** ¿Qué tipos de comparaciones puedes hacer cuando miras una gráfica de barras o una pictografía?

Práctica para la evaluación

12. Darío hizo una gráfica de barras para anotar la cantidad de libros que leyó cada miembro del club de lectura.

    ¿Cuántos libros menos que Sandra y Darío juntos leyó Alicia?

    Ⓐ 6 libros

    Ⓑ 8 libros

    Ⓒ 10 libros

    Ⓓ 12 libros

Libros leídos por los miembros del club de lectura

Nombre _____

Resuélvelo y coméntalo

Los libros de acción y los libros de misterio cuestan $5 cada uno. Los libros de biografías cuestan $10 cada uno. Una bibliotecaria tiene $100 para gastar en libros nuevos. Ella recopiló información sobre los tipos de libros que los estudiantes sacaron de la biblioteca el mes pasado.

¿Cómo debe gastar el dinero la bibliotecaria? Usa palabras y símbolos matemáticos para explicar tu razonamiento.

Puedo...
resolver problemas matemáticos con precisión.

También puedo usar los datos de las gráficas.

Libros leídos el mes pasado

Cantidad de libros / Tipo de libro
Acción/Aventuras — Misterio — Biografías

Hábitos de razonamiento

¡Razona correctamente!
Estas preguntas te pueden ayudar.

- ¿Estoy usando los números, las unidades, los signos y los símbolos correctamente?

- ¿Estoy usando las definiciones correctas?

- ¿Estoy haciendo los cálculos con precisión?

- ¿Es clara mi respuesta?

¡Vuelve atrás! **Hacerlo con precisión** ¿Cómo usaste las palabras y los símbolos para explicar tu respuesta?

Pregunta esencial ¿Cómo puedes resolver problemas matemáticos con precisión?

A

Isabela es dueña de una panadería. Va a usar los artículos de la tabla para preparar una canasta de regalos que valga $40. Isabela quiere que la canasta tenga más de un artículo de cada tipo. Muestra una manera de preparar la canasta de regalos.

Artículos de panadería disponibles

Panes de trigo ($4 cada uno)	
Bollos de canela ($2 cada uno)	
Pastelitos ($1 ada uno)	

Cada 🥐 = 2 artículos.

¿Qué tengo que hacer para preparar la canasta de regalos?

Tengo que ser preciso. Voy a decidir cuántos de cada artículo voy a poner en la canasta para que el total sea exactamente $40.

Este es mi razonamiento...

B **¿Cómo puedo resolver este problema con precisión?**

Puedo

- usar la información dada correctamente.

- hacer los cálculos acertadamente.

- decidir si mi respuesta es clara y apropiada.

- usar las unidades correctas.

C

Sé que la canasta debe valer $40.
Sé cuántos artículos de cada tipo hay disponibles.

3 panes de trigo × $4 = $12
$40 − $12 = $28

9 bollos de canela × $2 = $18
$28 − $18 = $10

10 pastelitos × $1 = $10
$10 − $10 = $0

Todos los cálculos son correctos. Mi canasta de regalos tiene 3 panes de trigo, 9 bollos de canela y 10 pastelitos. El total es exactamente $40.

¡Convénceme! **Hacerlo con precisión** ¿Hay otra manera de preparar una canasta de regalos que valga exactamente $40? Explícalo.

☆ Práctica guiada

Hacerlo con precisión

Usa la gráfica de la página anterior. Supón que esta vez, Isabela quiere hacer una canasta de regalos que valga $25. Esta canasta debe tener más panes de trigo que pastelitos. Muestra una manera en que Isabela puede preparar la canasta de regalos.

Para hacerlo con precisión, tienes que comprobar que las palabras, los números, los signos, los símbolos y las unidades que usas sean correctos y que tus cálculos sean acertados.

1. ¿Qué información dada usarás para resolver el problema?

2. Muestra y explica una manera en que Isabela puede preparar la canasta de regalos.

☆ Práctica independiente

Hacerlo con precisión

Derek está creando un patrón con baldosas que medirá 30 pulgadas de longitud. La gráfica muestra cuántas baldosas de cada longitud tiene Derek. Quiere usar más de una baldosa de cada longitud en su patrón. Muestra una manera de hacer el patrón.

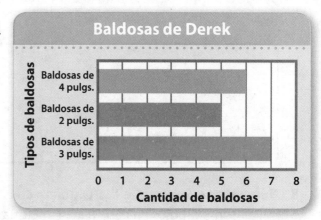

Baldosas de Derek

3. ¿Qué información dada usarás para resolver el problema?

4. Muestra y explica una manera en que Derek puede crear el patrón.

Resolución de problemas

Organización de dibujos

Marta tiene $50 para gastar en dibujos. Quiere mostrarlos en una matriz de 3 filas con 4 dibujos en cada fila. Marta quiere incluir al menos dos dibujos de cada tipo en su matriz.

Tipos de dibujos y precios	
Paisajes ($2 cada uno)	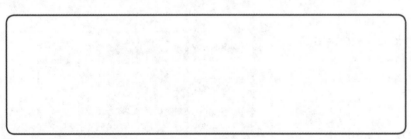
Animales ($4 cada uno)	
Retratos ($10 cada uno)	

Cada ▭ = 2 dibujos disponibles.
Cada ⊏ = 1 dibujo disponible.

5. **Razonar** ¿Cuántos dibujos quiere Marta?

6. **Entender y perseverar** ¿Cuál sería un buen plan para resolver el problema?

7. **Hacerlo con precisión** Muestra una manera en que Marta puede comprar dibujos para hacer la matriz. Usa palabras y signos matemáticos para explicarlo.

Cuando analices símbolos, palabras y números representados en una pictografía, hazlo con precisión.

8. **Generalizar** Supón que Marta quiere crear una matriz de 4 filas con 3 dibujos en cada fila. ¿Funcionaría tu respuesta? Explícalo.

Trabaja con un compañero. Necesitan papel y lápiz. Cada uno escoge un color diferente: celeste o azul.

El compañero 1 y el compañero 2 apuntan a uno de los números negros al mismo tiempo. Ambos multiplican esos números.

Si la respuesta está en el color que escogiste, puedes anotar una marca de conteo. Luego, los compañeros escriben las demás operaciones de la familia de operaciones. Sigan la actividad hasta que uno de los dos tenga siete marcas de conteo.

Puedo...
multiplicar y dividir hasta 100.

También puedo construir argumentos matemáticos.

Compañero 1					Compañero 2
5	48	90	35	20	7
8	50	72	27	9	3
4	60	30	12	15	9
3	45	18	27	25	5
10	36	28	21	56	6
	40	56	70	24	

Marcas de conteo para el compañero 1	Marcas de conteo para el compañero 2

Repaso del vocabulario

Lista de palabras

- clave
- datos
- encuesta
- escala
- gráfica
- gráfica de barras a escala
- pictografía a escala
- tabla de frecuencias

Comprender el vocabulario

Días lluviosos

| Abril | 🌂 🌂 🌂 🌂 🌂 🌂 |
| Mayo | 🌂 🌂 🌂 🌂 |

Cada 🌂 = 2 días.

Gráfica A

Completa cada oración con *pictografía a escala*, *gráfica de barras a escala*, *clave* o *escala*.

1. La _____ de la gráfica A muestra que cada paraguas representa 2 días.

2. La gráfica A es una _____ .

3. La _____ de la gráfica B aumenta en 5.

4. La gráfica B es una _____ .

Gráfica B

Escribe V si la oración es *verdadera* o F si es *falsa*.

_____ 5. Una encuesta es la única manera de recopilar datos.

_____ 6. Las gráficas de barras tienen una clave.

_____ 7. Los datos de una tabla de frecuencias se pueden usar para hacer una gráfica de barras.

Usar el vocabulario al escribir

8. Supón que te enteras de la cantidad y del tipo de mascotas que tienen tus compañeros de clase. Explica cómo puedes presentar esa información. Usa por lo menos tres términos de la Lista de palabras en tu respuesta.

Grupo A páginas 253 a 256 _____

Las pictografías usan dibujos o partes de dibujos para representar datos.

La escala es la cantidad que representa cada dibujo. La clave explica la escala que se usa.

Gran venta de gorras

Béisbol	🧢 🧢 🧢 ◗
Básquetbol	🧢
Carreras	🧢 🧢

Cada 🧢 = 10 gorras.   Cada ◗ = 5 gorras.

Las gráficas de barras usan barras para representar datos. Puedes usar una escala para hallar cuánto representa una barra.

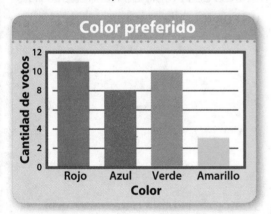

Cada línea de esta gráfica de barras representa 2 votos.

Recuerda que debes usar una clave o escala. La cantidad de dibujos en las pictografías y la longitud de las barras en las gráficas de barras pueden ayudarte a comparar datos.

Para **1** a **3**, usa la pictografía de la izquierda.

1. ¿Cuántas gorras de béisbol más que de carreras hay en oferta?

2. ¿Cuántas gorras de béisbol más que gorras de básquetbol y de carreras juntas hay en oferta?

3. ¿Cuántas gorras de básquetbol menos que de béisbol hay en oferta?

Para **4** a **7**, usa la gráfica de barras de la izquierda.

4. ¿Qué color obtuvo más votos? ¿Cuántos votos obtuvo ese color?

5. ¿Cuántos votos menos que el verde obtuvo el amarillo?

6. ¿Cuántos votos más que el azul obtuvo el rojo?

7. ¿Cuál es la diferencia entre los votos que obtuvo el rojo y los votos del azul y el amarillo juntos?

Esta tabla de frecuencias muestra datos sobre la cantidad de monedas que tiene Mark.

Monedas de Mark

Moneda	Conteo	Cantidad de monedas
1 ¢	ℍℍ ///	8
5 ¢	ℍℍ ℍℍ	10
10 ¢	ℍℍ /	6

Puedes usar los datos para hacer una pictografía. Las pictografías incluyen un título, un símbolo y una clave para mostrar la escala.

Monedas de Mark

Moneda	Cantidad de monedas
1 ¢	⚫⚫⚫⚫
5 ¢	⚫⚫⚫⚫⚫
10 ¢	⚫⚫⚫

Cada ⚫ = 2 monedas.

En esta pictografía, cada símbolo es igual a 2 monedas.

También puedes usar los datos para hacer una gráfica de barras.

1. Rotula la parte inferior y el costado de la gráfica.
2. Escoge una escala.
3. Dibuja una barra para cada tipo de moneda.
4. Incluye un título.

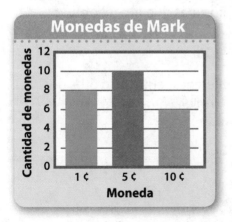

Recuerda que una tabla de frecuencias incluye marcas de conteo o números. Una pictografía usa dibujos para mostrar datos.

Para **1** y **2**, usa la siguiente tabla de frecuencias.

La clase de Daniel votó por su mascota preferida. Los resultados se muestran en esta tabla de frecuencias.

Mascota preferida

Mascota	Conteo	Cantidad
Pájaro	////	
Perro	ℍℍ ℍℍ ////	
Pez	ℍℍ /	
Gato	ℍℍ ///	

1. Completa la tabla de frecuencias.

2. Usa los datos de la tabla de frecuencias para hacer una pictografía.

3. Usa los datos de la tabla para hacer una gráfica de barras.

Nombre _____

Grupo C páginas 265 a 268 _____

Puedes usar los datos de una gráfica de barras o una pictografía para sacar conclusiones.

Erica anotó la cantidad de revistas leídas en una pictografía. ¿Cuántas revistas más que en junio leyó en abril y mayo juntos?

Revistas leídas

Abril	GOLF GOLF
Mayo	GOLF GOLF GOLF GOLF
Junio	GOLF GOLF GOLF

Cada 🏌️ = 2 revistas.

Puedes resolver problemas de datos de 2 pasos.

Hay 6 símbolos para abril y mayo.
Hay 3 símbolos para junio.

6 − 3 = 3. Hay 3 símbolos más para abril y mayo.

Cada símbolo representa 2 revistas. 3 × 2 = 6. En abril y mayo, Erika leyó 6 revistas más que en junio.

Recuerda que puedes usar tablas y gráficas para hacer comparaciones. A veces tendrás que buscar y responder a preguntas escondidas.

Para **1** a **6**, usa la siguiente pictografía.

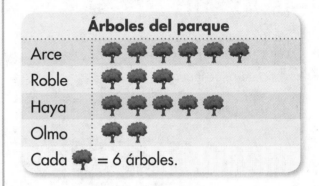

Árboles del parque

Arce	🌳 🌳 🌳 🌳 🌳 🌳
Roble	🌳 🌳 🌳
Haya	🌳 🌳 🌳 🌳 🌳
Olmo	🌳 🌳

Cada 🌳 = 6 árboles.

1. ¿Cuántos arces más que olmos hay?

2. ¿Cuántas hayas menos que arces hay?

3. ¿Cuántos árboles **NO** son arces?

4. ¿Cuántos arces y hayas juntos más que robles hay?

5. ¿Cuántos robles menos que hayas y olmos juntos hay?

6. Si la ciudad quiere tener 24 olmos, ¿cuántos olmos más se tienen que plantar? Explica cómo resolverlo.

Piensa en estas preguntas como ayuda para **prestar atención a la precisión**.

Hábitos de razonamiento

- ¿Estoy usando los números, las unidades, los signos y símbolos correctamente?

- ¿Estoy usando las definiciones correctas?

- ¿Estoy haciendo los cálculos con precisión?

- ¿Es clara mi respuesta?

Libros disponibles

Recuerda que puedes usar palabras, números, signos y símbolos para mostrar tu razonamiento.

Para **1** y **2**, usa la gráfica de barras de la izquierda.

Jackie tiene $50 para gastar en libros. Hizo una gráfica de barras para mostrar la cantidad de cada tipo de libro que hay disponibles en la tienda. Jackie quiere comprar por lo menos 2 libros de cada tipo. Muestra una manera en que Jackie puede gastar $50 en libros.

Los libros de acción cuestan $5.

Las biografías cuestan $10.

Los libros de misterio cuestan $5

1. ¿Qué información dada usarás para resolver el problema?

2. Muestra una manera en que Jackie puede gastar $50 en libros. Usa palabras y signos matemáticos para explicar tu razonamiento.

Nombre _____

1. Usa los datos de la tabla de frecuencias para hacer una pictografía.

DATOS

Sándwiches preferidos		
Sándwich	**Conteo**	**Frecuencia**
Pavo	~~HHL HHL~~ ////	14
Jamón	~~HHL~~ /	6
Atún	//	2
Huevo	////	4

A. Encierra en un círculo la clave que vas a usar.

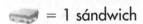 = 1 sándwich 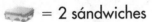 = 2 sándwiches

= 3 sándwiches = 4 sándwiches

B. Haz una pictografía.

2. Usa los datos de la pictografía que hiciste en la pregunta 1. ¿Cuántos estudiantes **NO** escogieron el sándwich de pavo como su preferido?

Ⓐ 10 Ⓒ 13
Ⓑ 12 Ⓓ 14

3. La clase de Jaime hizo una pictografía para mostrar cuántas horas hicieron trabajo voluntario cada semana. ¿Durante qué semana o semanas hizo la clase trabajo voluntario por 9 horas?

Cada ⏰ = 2 horas. Cada ⏰ = 1 hora.

Ⓐ Semana 1 Ⓒ Semana 3
Ⓑ Semana 2 Ⓓ Semanas 1 y 3

4. Mira la pictografía anterior. ¿Cuántas horas hizo trabajo voluntario la clase en total?

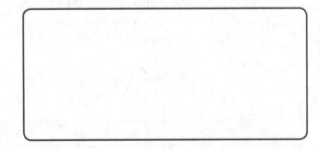

5. ¿Cuántas horas más que en la semana 1 hizo trabajo voluntario la clase en las semanas 2 y 3 juntas?

6. La clase del Sr. Thomas hizo una gráfica de barras de la cantidad de hermanos y hermanas que tiene cada estudiante. ¿Cuántos estudiantes de la clase tienen 1 hermano o hermana?

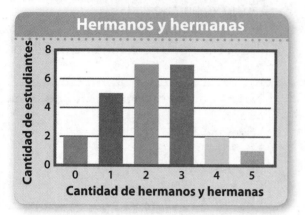

Hermanos y hermanas

Ⓐ 1

Ⓑ 2

Ⓒ 5

Ⓓ 7

7. Compara los estudiantes que tienen 3 hermanos y hermanas con los estudiantes que tienen 0 hermanos y hermanas. ¿Cuántos estudiantes más tienen 3 hermanos y hermanas?

☐ estudiante(s) más

8. ¿Cuántos estudiantes de la clase tienen 2 o más hermanos y hermanas?

9. Beth está haciendo una gráfica de barras para comparar cuántas canicas de cada color tiene. Tiene 25 canicas azules, 35 canicas rojas, 5 canicas verdes y 15 canicas amarillas. ¿Qué escala tiene más sentido para que Beth la use en su gráfica?

Ⓐ Cada línea es igual a 1 canica.

Ⓑ Cada línea es igual a 2 canicas.

Ⓒ Cada línea es igual a 5 canicas.

Ⓓ Cada línea es igual a 20 canicas.

10. Usa la información de la pregunta 9 para hacer una gráfica de barras de las canicas de Beth.

Canicas de Beth

Cantidad de canicas

Azul   Rojo   Verde   Amarillo
Color de canicas

11. Selecciona todos los enunciados que son verdaderos. Usa la información de la pregunta 9.

☐ Beth tiene más canicas verdes y amarillas juntas que azules.

☐ Beth tiene igual cantidad de canicas azules y amarillas juntas que rojas.

☐ Beth tiene más canicas rojas que azules y verdes juntas.

☐ Beth tiene menos canicas amarillas que azules y verdes juntas.

☐ Beth tiene menos canicas rojas que verdes y amarillas juntas.

12. La escuela organizó una función para recaudar fondos durante la primera parte del año escolar. ¿En qué mes recaudó más dinero la escuela?

Fondos recaudados

Dólares / Mes

Ⓐ Septiembre

Ⓑ Octubre

Ⓒ Noviembre

Ⓓ Diciembre

---

13. Mira la gráfica de barras anterior. Supón que se recaudaron $45 en enero. ¿Dónde terminaría la barra?

---

14. ¿La escuela recaudó más dinero que en noviembre en septiembre y octubre juntos? Explícalo.

15. La siguiente tabla de frecuencias muestra el tiempo que Kelly saltó la cuerda durante una semana. Usa los datos para hacer una pictografía.

Minutos que Kelly saltó la cuerda		
Día	Conteo	Cantidad de minutos
Lunes	𝍢 𝍢 𝍢	15
Martes	𝍢 𝍢 𝍢 𝍢	20
Miércoles	𝍢 𝍢	10
Jueves	𝍢	5
Viernes	𝍢 𝍢 𝍢 𝍢	20

A. Encierra en un círculo la clave que vas a usar.

⌇ = 2 minutos ⌇ = 5 minutos

⌇ = 10 minutos ⌇ = 15 minutos

B. Haz una pictografía.

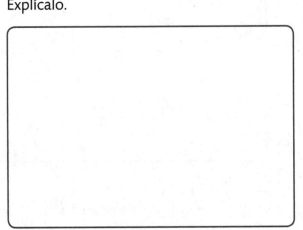

Minutos que Kelly saltó la cuerda	
Lunes	
Martes	
Miércoles	
Jueves	
Viernes	

16. Mira las siguientes pictografías. ¿Qué tipo de libro fue escogido por la misma cantidad de estudiantes en cada clase?

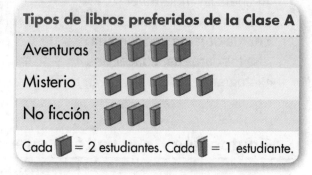

Tipos de libros preferidos de la Clase A

Aventuras	
Misterio	
No ficción	

Cada 📕 = 2 estudiantes. Cada 📗 = 1 estudiante.

Tipos de libros preferidos de la Clase B

Aventuras	
Misterio	
No ficción	

Cada 📕 = 2 estudiantes. Cada 📗 = 1 estudiante.

Ⓐ Aventuras

Ⓑ Misterio

Ⓒ No ficción

Ⓓ Ninguna de las anteriores

17. ¿Cuántos estudiantes de las clases A y B escogieron los libros de misterio como sus favoritos?

18. A. Elena tiene $22 para gastar en materiales de arte. Quiere comprar al menos un lienzo, un tubo de pintura y un pincel. ¿Qué materiales puede comprar si gasta todo el dinero que tiene?

Materiales de arte

(Cantidad / Artículo)

Lienzo ($4 c/u) Tubo de pintura ($3 c/u) Pincel ($2 c/u)

B. Describe la información dada y resuelve el problema. Explica tu razonamiento y muestra en la gráfica de barras los materiales que Elena puede comprar.

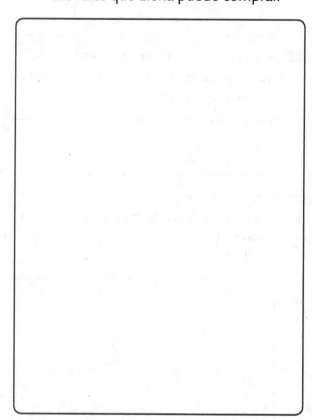

Figuras con globos

Arturo torció globos para crear figuras de diferentes animales en la fiesta de cumpleaños de su hija. La pictografía **Globos usados** muestra los diferentes colores de globos que usó.

Tarea de rendimiento

Para **1** y **2**, usa la pictografía de **Globos usados**.

1. ¿Cuántos globos verdes más que globos amarillos usó Arturo? Explícalo.

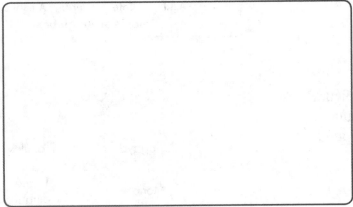

Globos usados

Azul	🎈🎈🎈🎈🎈
Café	🎈🎈
Verde	🎈🎈🎈
Amarillo	🎈🎈

Cada 🎈 = 2 globos.

2. ¿Cuántos globos azules menos que todos los demás colores juntos se usaron? Explícalo.

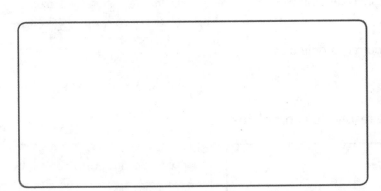

Globos comprados

Cantidad de globos

24
22
20
18
16
14
12
10
8
6
4
2
0

Azul   Café   Verde   Amarillo

Colores de los globos

Usa la pictografía **Globos usados** y la gráfica de barras **Globos comprados** para responder a la pregunta **3**.

3. ¿Cuántos globos le sobran a Arturo? Completa la siguiente tabla.

Color	Comprados	Usados	Sobran
Azul			
Café			
Verde			
Amarillo			

Usa tu respuesta a la pregunta **3** para responder a la pregunta **4**.

4. Completa la gráfica de barras para mostrar cuántos globos sobran.

La tabla **Figuras y colores de los globos** muestra la cantidad y los colores de los globos que Arturo necesita para hacer cada figura de animal. Usa tu respuesta a la pregunta **4** y la tabla **Figuras y colores de los globos** para responder a la pregunta **5**.

5. Arturo planea usar todos los globos que sobran y quiere hacer por lo menos una figura de animal de cada tipo. Haz una pictografía para mostrar una manera en que Arturo puede terminar de usar los globos.

Figuras y colores de los globos	
Papagayo	2 azules
Mono	1 café 1 amarillo
Rana	2 verdes
Delfín	1 azul

Parte A

Encierra en un círculo la clave que vas a usar.

🎈 = 1 figura de animal   🎈 = 2 figuras de animales

🎈 = 3 figuras de animales   🎈 = 4 figuras de animales

Parte B

Completa la pictografía y explica cómo resolviste el problema.

Figuras de animales con globos	
Papagayo	
Mono	
Rana	
Delfín	

Glosario

A

a. m. Tiempo entre la medianoche y el mediodía.

ángulo Figura que se forma donde se encuentran dos lados.

ángulo agudo Ángulo que está menos abierto que un ángulo recto.

ángulo llano Ángulo que forma una línea recta.

ángulo obtuso Ángulo que está más abierto que un ángulo recto.

ángulo recto Ángulo que forma una esquina cuadrada.

ángulo unitario Ángulo con una medida de 1 grado.

área Cantidad de unidades cuadradas que se necesitan para cubrir una región.

arista Segmento de recta donde se encuentran 2 caras de un sólido.

C

capacidad (volumen líquido) Cantidad que cabe en un recipiente, medida en unidades líquidas.

cara Superficie plana de un sólido que no rueda.

centímetro (cm) Unidad métrica de longitud.

cilindro Sólido con 2 bases circulares.

clave La explicación de lo que significa cada símbolo en una pictografía.

cociente Respuesta a un problema de división.

columna Ordenación de objetos o números, uno encima de otro.

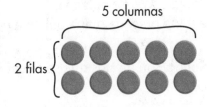

comparar Decidir si un número es mayor o menor que otro número.

compensación Escoger números cercanos a los números de un problema para facilitar el cálculo y, luego, ajustar la respuesta a los números escogidos.

componer Combinar partes diferentes.

conjetura Enunciado que se considera cierto, pero no se ha verificado.

cono Sólido con un círculo como base y una superficie curva que converge en un punto.

cuadrado Paralelogramo con 4 ángulos rectos y todos los lados de la misma longitud.

cuadrilátero Polígono con 4 lados.

cuarto Una de las 4 partes iguales de un entero.

cuarto de galón (cto.) Unidad usual de capacidad. Un cuarto es igual a 2 pintas.

cuarto de hora Unidad de tiempo igual a 15 minutos.

cuarto de pulgada más cercano Medición que termina con $\frac{1}{4}$ de pulgada, $\frac{2}{4}$ de pulgada, $\frac{3}{4}$ de pulgada o una pulgada entera.

cubo Sólido con 6 caras que son cuadrados idénticos.

datos Información.

denominador Número que está debajo de la barra de fracción en una fracción, que muestra la cantidad total de partes iguales.

descomponer Dividir un número en partes. *Ejemplo:* $\frac{2}{5}$ se puede descomponer en $\frac{1}{5} + \frac{1}{5}$.

diagrama de puntos Manera de organizar datos en una recta numérica donde cada punto o X representa un número en un conjunto de datos.

diferencia Respuesta que se obtiene al restar un número de otro.

dígitos Los símbolos 0, 1, 2, 3, 4, 5, 6, 7, 8 y 9 que se usan para escribir números.

dividendo Número que se divide.
Ejemplo: $63 \div 9 = 7$

Dividendo

división Operación que muestra cuántos grupos iguales hay o cuántos hay en cada grupo.

divisor Número por el cual se divide otro número.
Ejemplo: $63 \div 9 = 7$

Divisor

E

ecuación Oración numérica que usa el signo igual (=) para mostrar que el valor de la izquierda es el mismo que el valor de la derecha.

en palabras, número Número escrito en palabras.
Ejemplo: 325 = trescientos veinticinco

encuestar Reunir información haciendo la misma pregunta a varias personas y anotando sus respuestas.

escala Números que representan las unidades utilizadas en una gráfica.

esfera Sólido con forma de pelota.

estimar Dar una respuesta o un número aproximados.

F

factores Números que se multiplican entre sí para obtener un producto.
Ejemplo: 7 × 3 = 21

Factor   Factor

familia de operaciones Grupo de operaciones relacionadas que usan los mismos números.

fila Ordenación de objetos o números, uno al lado de otro.

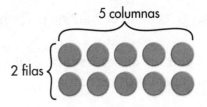

forma desarrollada, número en Número escrito como la suma del valor de sus dígitos.
Ejemplo: 476 = 400 + 70 + 6

forma estándar, número en Manera de escribir un número mostrando solo sus dígitos.
Ejemplo: 845

fracción Símbolo, como $\frac{1}{2}$, que se usa para nombrar una parte de un entero, una parte de un conjunto o una ubicación en una recta numérica.

fracción de referencia Fracción de uso común, como $\frac{1}{4}$, $\frac{1}{3}$, $\frac{1}{2}$, $\frac{2}{3}$, y $\frac{3}{4}$.

fracción unitaria Fracción que representa una parte de un entero que se dividió en partes iguales; su numerador siempre es 1.

fracciones equivalentes Fracciones que nombran la misma parte de un entero o la misma ubicación en una recta numérica.

grados (°) Unidad de medida para ángulos.

gráfica de barras con escala Gráfica que usa barras para mostrar datos.

gramo (g) Unidad métrica de masa, la cantidad de materia en un objeto.

grupos iguales Grupos que tienen la misma cantidad de objetos.

hexágono Polígono con 6 lados.

hora Unidad de tiempo igual a 60 minutos.

igual (igualdad) Cuando los dos lados de una ecuación tienen el mismo valor.

incógnita Valor desconocido que se puede representar con un símbolo.

intervalo de tiempo Cantidad de tiempo.

kilogramo (kg) Unidad métrica de masa, la cantidad de materia en un objeto. Un kilogramo es igual a 1,000 gramos.

kilómetro (km) Unidad métrica de longitud. Un kilómetro es igual a 1,000 metros.

lado Segmento de recta que forma parte de un polígono.

lados paralelos Lados de un polígono que se dirigen en la misma dirección; si los lados se cruzan al hacerlos más largos, no son paralelos.

libra (lb) Unidad usual de peso. Una libra es igual a 16 onzas.

litro (L) Unidad métrica de capacidad. Un litro es igual a 1,000 mililitros.

marca de conteo Marca que se usa para anotar datos en una tabla de conteo. *Ejemplo:* ⊮ = 5

masa Medida de la cantidad de materia en un objeto.

matriz Manera de mostrar objetos en filas y columnas iguales.

media hora Unidad de tiempo igual a 30 minutos.

media pulgada más cercana Medición que termina con $\frac{1}{2}$ pulgada o una pulgada entera.

medida del ángulo Grados de un ángulo.

medio (o mitad) Una de 2 partes iguales de un entero.

metro (m) Unidad métrica de longitud. Un metro es igual a 100 centímetros.

milímetro (mm) Unidad métrica de longitud. 1,000 milímetros = 1 metro.

milla (mi) Unidad usual de longitud. Una milla es igual a 5,280 pies.

minuto Unidad de tiempo igual a 60 segundos.

multiplicación Operación que da la cantidad total cuando se unen grupos iguales.

múltiplo Producto de un número dado y cualquier otro número entero distinto de cero.
Ejemplo: 4, 8, 12 y 16 son múltiplos de 4.

no igual Cuando los dos lados de una oración numérica no tienen el mismo valor.

numerador Número que está sobre la barra de fracción en una fracción, que muestra cuántas partes iguales se describen.

número impar Número entero que no es divisible por 2 sin que quede un residuo.

número mixto Número con una parte de número entero y una parte fraccionaria.
Ejemplo: $2\frac{3}{4}$

número par Número entero que es divisible exactamente por 2 sin que quede un residuo.

números compatibles Números que son fáciles de sumar, restar, multiplicar o dividir mentalmente.

octágono Polígono con 8 lados.

octavo Una de 8 partes iguales de un entero.

onza (oz) Unidad usual de peso.

operaciones inversas Dos operaciones que se cancelan entre sí.

ordenar Organizar números de menor a mayor o de mayor a menor.

p. m. Tiempo entre el mediodía y la medianoche.

paralelogramo Cuadrilátero con 2 pares de lados paralelos.

pentágono Polígono con 5 lados.

perímetro Distancia alrededor de una figura.

peso Medida del peso de un objeto.

pictografía con escala Una gráfica que usa imágenes para mostrar datos.

pie Medida usual de longitud. 1 pie es igual a 12 pulgadas.

pinta (pt) Unidad usual de capacidad. Una pinta es igual a 2 tazas.

polígono Figura cerrada formada por segmentos de recta.

polígono cóncavo Polígono que tiene 1 o más ángulos que apuntan hacia adentro.

polígono convexo Polígono en el cual todos los ángulos apuntan hacia afuera.

prisma rectangular Sólido con 6 caras rectangulares.

prisma triangular Sólido con dos caras triangulares.

producto Respuesta a un problema de multiplicación.

propiedad asociativa (o de agrupación) de la multiplicación La agrupación de los factores se puede cambiar y el producto permanece igual.

propiedad asociativa (o de agrupación) de la suma La agrupación de los sumandos se puede cambiar y la suma permanece igual.

propiedad conmutativa (o de orden) de la multiplicación Los números se pueden multiplicar en cualquier orden y el producto permanece igual.

propiedad conmutativa (o de orden) de la suma Los números se pueden sumar en cualquier orden y la suma permanece igual.

propiedad de identidad (o del cero) de la suma La suma de cualquier número y cero es ese mismo número.

propiedad de identidad (o del uno) de la multiplicación El producto de cualquier número y 1 es ese mismo número.

propiedad del cero en la multiplicación El producto de cualquier número y cero es cero.

propiedad distributiva Una multiplicación se puede descomponer como la suma de otras dos multiplicaciones.
Ejemplo: $5 \times 4 = (2 \times 4) + (3 \times 4)$

pulgada (pulg./pulgs.) Unidad usual de longitud.

punto Posición exacta, generalmente señalada con una marca o un punto.

reagrupar (reagrupación) Nombrar un número entero de una manera diferente.
Ejemplo: $28 = 1$ decena y 18 unidades

recta Línea derecha de puntos que es infinita en ambas direcciones.

recta numérica Recta que muestra números en orden usando una escala.
Ejemplo:

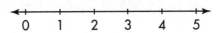

recta númerica vacía Recta numérica que solo muestra los números que se calculan.

rectángulo Paralelogramo con 4 ángulos rectos.

rectas intersecantes Rectas que se cruzan en un punto.

rectas paralelas Rectas que nunca se cruzan.

rectas perpendiculares Dos rectas que se intersecan y forman ángulos rectos.

redondear Reemplazar un número con otro número que sea la decena, la centena o el millar (y así sucesivamente) más cercanos para indicar cuánto o cuántos hay.
Ejemplo: 42 redondeado a la decena más cercana es 40.

residuo Número que sobra después de una división.
Ejemplo: 31 ÷ 7 = 4 R3

⬆
Residuo

rombo Paralelogramo con todos los lados de la misma longitud.

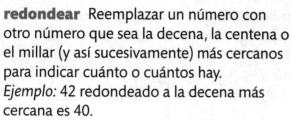

segmento de recta Parte de una recta que tiene 2 extremos.

●━━━━━━━●

segundo Unidad de tiempo. 60 segundos son iguales a 1 minuto.

semana Unidad de tiempo igual a 7 días.

semirrecta Parte de una recta que tiene un extremo y que continúa hasta el infinito en una dirección.

sexto Una de 6 partes iguales de un entero.

símbolo de dólar Símbolo ($) que se usa para indicar dinero.

sólido Cuerpo que tiene longitud, ancho y altura.

suma Respuesta a un problema de suma.

sumandos Números que se suman para hallar un total.
Ejemplo: 2 + 7 = 9

⬆   ⬆
Sumando   Sumando

T

tabla de frecuencias Tabla que se usa para mostrar la cantidad de veces que ocurre algo.

tercio Una de 3 partes iguales de un entero.

tiempo transcurrido Cantidad total de tiempo que pasa desde el momento de inicio hasta el momento final.

trapecio Cuadrilátero con solo un par de lados paralelos.

triángulo Polígono con 3 lados.

triángulo equilátero Triángulo en el que todos los lados tienen la misma longitud.

unidad cuadrada Una medida del área.

valor de posición Valor que se da a la posición de un dígito en un número. *Ejemplo:* En 946, el valor de posición del dígito 9 es el de las *centenas*.

vértice de un polígono Punto donde se encuentran dos lados de un polígono.

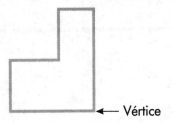

yarda (yd) Unidad usual de longitud. Una yarda es igual a 3 pies o 36 pulgadas.

enVision® Matemáticas

Fotografías

Every effort has been made to secure permission and provide appropriate credit for photographic material. The publisher deeply regrets any omission and pledges to correct errors called to its attention in subsequent editions.

Unless otherwise acknowledged, all photographs are the property of Savvas Learning Company LLC.

Photo locators denoted as follows: Top (T), Center (C), Bottom (B), Left (L), Right (R), Background (Bkgd)

1 Gemenacom/Shutterstock; 3 (T) Pisaphotography/Shutterstock, (C) NASA images/Shutterstock, (B) Tetra Images/Alamy Stock Photo; 4 (Bkgrd) Boris Bulychev/Shutterstock, ArtCookStudio/Shutterstock 37 Jacek Chabraszewski/Fotolia; 39 (T) Harry B. Lamb/Shutterstock, (B) John Green/Cal Sport Media/Alamy Stock Photo; 40 (T) John Green/Cal Sport Media/Alamy Stock Photo, (B) Monkey Business Images/Shutterstock 73 Pk7comcastnet/Fotolia; 75 (T) Monkey Business Images/Shutterstock, (C) David M. Schrader/Shutterstock, (B) Jeff Kinsey/Shutterstock; 76 (Bkgrd) NavinTar/Shutterstock, MO_SES Premium/Shutterstock, MO_SES Premium/Shutterstock 113 Christopher Dodge /Shutterstock; 115 (T) Joe Petro/Icon Sportswire/Getty Images, (B) Olekcii Mach/Alamy Stock Photo; 116 (T) Image Source/REX/Shutterstock, (B) Stockbroker/123RF 165 Ann Worthy/Shutterstock; 167 (T) STLJB/Shutterstock, (C) Bmcent1/iStock/Getty Images, (B) Monkey Business Images/Shutterstock; 168 (Bkgrd) Ewastudio/123RF, Versus Studio/Shutterstock; 180 Ian Scott/Fotolia 205 Marques/Shutterstock; 207 (T) Stephanie Starr/Alamy Stock Photo, (B) Hero Images Inc./Alamy Stock Photo; 208 (T) Compassionate Eye Foundation/DigitalVision/Getty Images, (B) Spass/Shutterstock 249 Barbara Helgason/Fotolia; 251 (T) Africa Studio/Shutterstock, (C) Tonyz20/Shutterstock, (B) Ermolaev Alexander/Shutterstock; 252 (Bkgrd) Oleg Mayorov/Shutterstock, LightSecond/Shutterstock 285 Erni/Shutterstock; 287 (T) Richard Thornton/Shutterstock, (B) Hxdyl/Shutterstock; 288 (T) The Linke/E+/Getty Images, (B) David Grossman/Alamy Stock Photo; 308 Goodshoot/Getty Images; 310 Keren Su/Corbis/Getty Images; 320 Rabbit75_fot/Fotolia 333 Arnold John Labrentz/ShutterStock; 335 (T) Judy Kennamer/Shutterstock, (C) ESB Professional/Shutterstock, (B) Zuma Press, Inc./Alamy Stock Photo; 336 (Bkgrd) Monkey Business Images/Shutterstock, Faberr Ink/Shutterstock, 346 (L) hotshotsworldwide/Fotolia, (C) Imagebroker/Alamy, (R) Imagebroker/Alamy; 348 John Luke/Index open; 356 David R. Frazier Photolibrary, Inc/Alamy 377 Sam D'Cruz/Fotolia; 379 (T) Stephen Van Horn/Shutterstock, (B) FS11/Shutterstock; 380 (T) Shafera photo/Shutterstock, (B) Impact Photography/Shutterstock; 384 Palou/Fotolia 405 Nancy Gill/ShutterStock; 407 (T) 123RF, (C) Light field studios/123RF, (B) Hurst Photo/Shutterstock; 408 (Bkgrd) Igor Bulgarin/Shutterstock, Bartolomiej Pietrzyk/Shutterstock, Ianinas/Shutterstock 433 B.G. Smith/Shutterstock; 435 (T) Andy Deitsch/Shutterstock, (B) Liunian/Shutterstock; 436 (T) Holbox/Shutterstock, (B) Hannamariah/Shutterstock; 481 Cathy Keifer/ShutterStock 483 (T) Cheryl Ann Quigley/Shutterstock, (C) Niko Nomad/Shutterstock, (B) Mavadee/Shutterstock; 484 (Bkgrd) Photo.ua/Shutterstock, India Picture/Shutterstock 531 (T) Iassedesignen/Shutterstock, (B) Rawpixel/Shutterstock; 532 (T) 581356/Shutterstock, (B) S_oleg/Shutterstock; 547 (T) Photolibrary/Photos to go, (B) Simple Stock Shot; 548 (L) Ecopic/iStock/Getty Images, (R) Simple Stock Shot; 555 (T) Stockdisc/Punch Stock, (C) Jupiter Images, (B) Getty Images 581 Amy Myers/Shutterstock; 583 (T) Rhona Wise/Epa/REX/Shutterstock, (C) Giocalde/Shutterstock, (B) Anmbph/Shutterstock; 584 (Bkgrd) Peter Turner Photography/Shutterstock, (T) Peyker/Shutterstock, (B) Michael Leslie/Shutterstock 609 Photocreo Bednarek/Fotolia; 611 (T) Margouillat Photo/Shutterstock, (B) Ksenia Palimski/Shutterstock; 612 (T) Topten22photo/Shutterstock, (B) Hola Images/Alamy Stock Photo